Follow Me

《亲历者》编辑部 编著 ★ 年年修订 ★

上海
深度游

慢·旅·行·的·倡·导·者

中国铁道出版社有限公司
CHINA RAILWAY PUBLISHING HOUSE CO., LTD.

图书在版编目（CIP）数据

上海深度游 Follow Me /《亲历者》编辑部编著.
4 版. -- 北京：中国铁道出版社有限公司，2025.5.
(亲历者). -- ISBN 978-7-113-32121-5

I. K928.951

中国国家版本馆 CIP 数据核字第 202534L283 号

书　　名：上海深度游 Follow Me
　　　　　SHANGHAI SHENDU YOU Follow Me

作　　者：《亲历者》编辑部

责任编辑：孟智纯　　　编辑部电话：（010）51873697
封面设计：赵　兆
责任校对：苗　丹
责任印制：赵星辰

出版发行：中国铁道出版社有限公司（100054，北京市西城区右安门西街8号）
网　　址：https://www.tdpress.com
印　　刷：天津嘉恒印务有限公司
版　　次：2015年3月第1版　2025年5月第4版　2025年5月第1次印刷
开　　本：660 mm×980 mm　1/16　印张：13　字数：265 千
书　　号：ISBN 978-7-113-32121-5
定　　价：68.00元

版权所有　侵权必究

凡购买铁道版图书，如有印制质量问题，请与本社读者服务部联系调换。电话：（010）51873174
打击盗版举报电话：（010）63549461

如何使用本书

景区
精选上海35个热门的目的地，囊括上海的旅游精华。

景区概述
用简练的语言，让读者对景区有一个整体认识。

微印象
精选自媒体平台、旅游网站上旅行者对景区作出的价值性点评，让读者对景区有一个初步的认识，确定旅游目的地。

基本信息
包括门票价格、景区开放时间、最佳旅游季节、进入景区的各种交通方式等实用信息。

景区星级
从美丽、浪漫、休闲、人文、特色、刺激6个方面给景区评级。

图片
选取精美图片，提升现场感，提供摄影参考。

子景点
观光点的详细介绍，并配有实用攻略、小贴士、旅友点评等丰富的资讯。

景区示意图
标注景区出入口、游览路线、观光点、景区配套设施等信息。

景区攻略
包含住宿、美食、购物、娱乐、景区内部交通、旅游注意事项等，丰富且实用。

行程推荐
提供合理、实用的景区游览方案。

导读
提供上海的基本背景信息，让读者先认识目的地，再开始旅行。

爱上城市
若干幅精美图片，让读者对目的地建立感性印象。

城市概览
以图文形式，梳理城市的地理、历史、文化等知识，让读者对目的地建立初步认识。

读懂城市
以专题的形式，介绍一些文化主题，让读者对目的地产生更深刻的认识。

上海，
来玩就要有深度

奢华炫丽的"魔都"

作为国际大都市，上海有着很多称呼，现在我们常常将上海戏称为"魔都"。在百年前，东西方文化不断碰撞和交融，让上海不管是外在面貌，还是内在精神上，都发生了很大的变化。

在"魔都"，华灯初上，黄浦江两岸灯光璀璨夺目、交相辉映，让夜色更加美丽动人。除了外滩的繁华，鳞次栉比的摩天大楼，变幻迷人的高架道路，无不透露着繁华和炫丽。

看不完的各色建筑

在百年前，人们便看中了如今上海市区外滩一带的这片江滩，于是这条由船夫和苦工踏出来的纤道旁，经过百年的建设，已是高楼林立，车水马龙，古典和现代并存的建筑，也成了今天上海的象征。

在上海外滩遍布着一幢幢不同国家风格的西式建筑群，因此这里被称为"万国建筑博览群"。著名的有中国银行大楼、和平饭店、海关大楼等建筑，有人说"外滩的故事就是上海的故事"，外滩那一座座钢筋水泥楼宇，正讲述着旧上海如梦的往事。

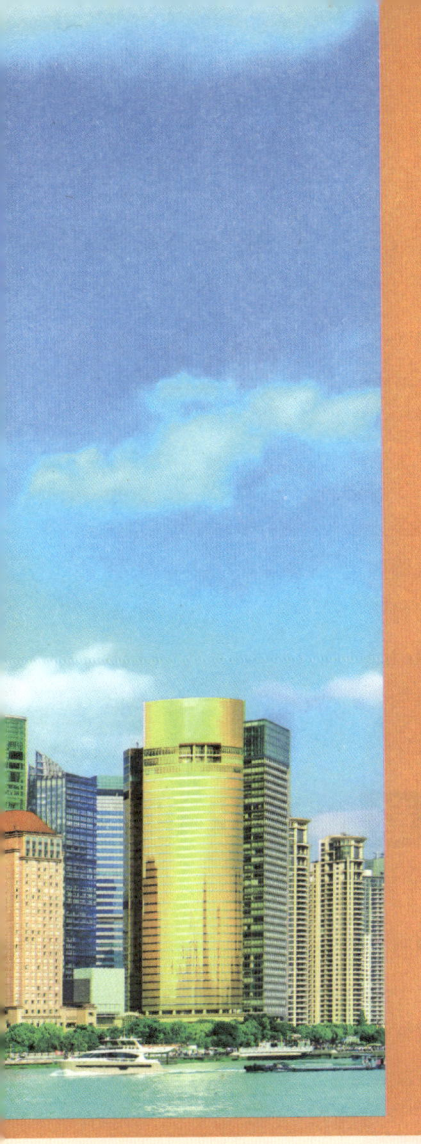

上海是中国四个直辖市之一，是中国经济、金融、贸易、航运、科技创新中心。它不仅保留着宋、明、清等朝代的古典建筑，还建有世人称颂的上海科技馆、上海大剧院、东方明珠电视塔等，这多元化的和谐景观，展示了上海特有的风采。在夜幕降临时，这里霓虹闪烁，灯火通明，交织出绚丽的夜景，散发着不凡的韵味和浪漫。

走在上海的老街上，仿佛来到百年前的大上海，这里汇集着电影里的钱庄、金店、酒肆、戏楼、商行，从西到东的琉璃建筑风格和布局展示了老上海不同时期的文化。

田子坊由上海的石库门里弄演变而来，被称为全国最"狭窄"的旅游地。漫步在小巷里，找寻历史的痕迹，这里有很多弄堂和拐角，在不经意间走出去时，总是意犹未尽，想折返再走一遍。

上海繁华大都市的头衔，让人们往往忘却了这个永不落幕的灿烂城市，也有着斑驳的历史印记，值得我们去细细品味。

精致高雅的生活

在这个快速发展的时代，上海的繁荣和发达，让生活在上海的人感到骄傲。

上海有着无数条繁忙的商业街，高雅浪漫的装修，琳琅满目的商品，造就了一个个繁华的购物天堂。上海还有着各种精致唯美的店铺，店铺的名字都弥漫着一股甜蜜的味道，来了便不会让你有空手离开的机会。

在上海，繁杂拥挤的弄堂，窄小的空间，甚至会住着祖孙三代，但是里面收拾得厅是厅、阁是阁，还养着花花草草，在市井生活的背后，透露了几分精致与讲究。

目录

速读上海 001-027

爱上上海
- 黄浦江带出大上海……… 003
- 绚丽的城堡圆童话梦…… 004
- 古色古香的朱家角古镇… 007
- 夜幕下的流光溢彩……… 009

上海概览
- 上海每月亮点…………… 010
- 上海地理………………… 011
- 上海历史………………… 012
- 上海美食………………… 014
- 领略上海风物…………… 016
- 上海老城区四日游……… 018
- 上海浦东四日游………… 019

读懂上海
- 黄浦江：
  上海的地标性河流……… 020
- 海派文化：
  海纳百川，兼容并蓄…… 021
- 上海时代印记：
  引领一代时尚的符号…… 022
- 上海石库门：
  大上海的社会缩影……… 023
- 外滩和陆家嘴建筑：
  古典和现代穿越之旅…… 024
- 上海滑稽戏：
  中国剧坛奇葩…………… 025
- 上海开埠：
  上海历史发展的转折点… 026
- 现代化的上海：
  高速发展的大都市……… 027

第1章 苏州河南岸 028-061

- 外滩……………………… 030
- 人民广场及周边………… 037
- 杜莎夫人蜡像馆………… 041
- 南京路步行街…………… 044
- 豫园和城隍庙…………… 048
- 上海新天地……………… 053
- 徐家汇…………………… 056

第2章 苏州河北岸 062-077

- 黄浦江夜游……………… 064
- 多伦路…………………… 067
- 上海马戏城……………… 071
- 四川北路及周边………… 075

第3章 浦东 078-123

- 东方明珠………………… 080
- 上海中心大厦…………… 084
- 上海科技馆……………… 087
- 世纪公园………………… 090
- 世博园…………………… 095
- 上海鲜花港……………… 101
- 上海迪士尼乐园………… 105
- 上海野生动物园………… 111
- 中国航海博物馆………… 115
- 上海天文馆……………… 119

第4章 崇明岛　124-147

东平国家森林公园…………… 126
前卫生态村………………………131
东滩………………………………136
长兴岛……………………………141
横沙岛……………………………145

第5章 上海郊区　148-200

碧海金沙…………………………150
枫泾古镇…………………………153
佘山………………………………160
松江古城…………………………166
上海欢乐谷………………………171
淀山湖……………………………176
朱家角古镇………………………183
嘉定古城…………………………189
上海安亭国际汽车城……………197

示意图目录

外滩示意图………………………033
人民广场示意图…………………038
南京路步行街示意图……………046
豫园周边示意图…………………051
东方明珠塔示意图………………082
上海中心大厦示意图……………085
世纪公园示意图…………………093
世博园示意图……………………097
上海鲜花港示意图………………102
上海野生动物园示意图…………113
东平国家森林公园示意图………128
前卫生态村示意图………………132
枫泾古镇示意图…………………154
佘山示意图………………………162
松江古城示意图…………………168
淀山湖示意图……………………181
朱家角古镇示意图………………184
嘉定古城示意图…………………193
上海国际赛车场示意图…………199

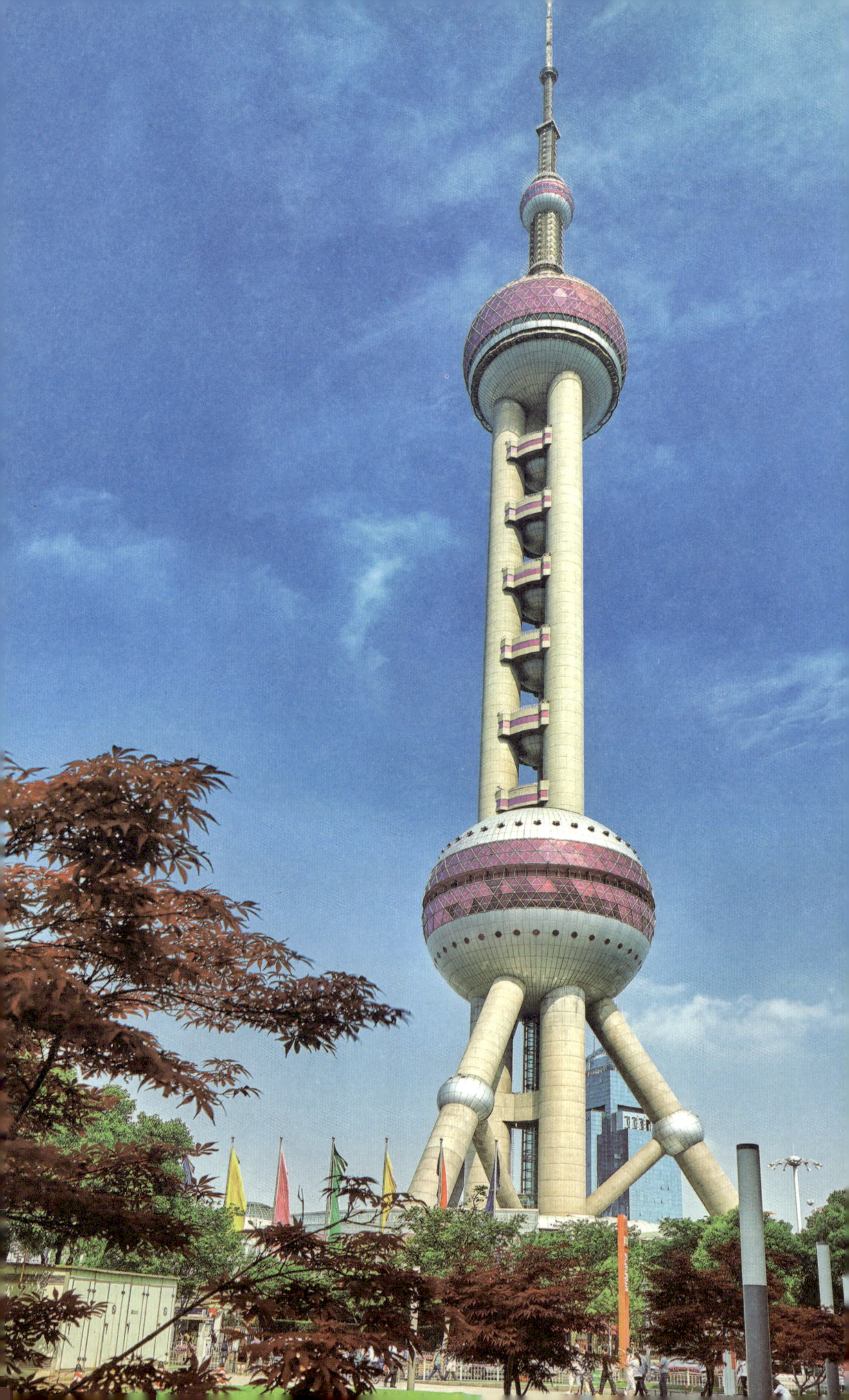

速读上海

爱上上海

黄浦江带出大上海
绚丽的城堡圆童话梦
古色古香的朱家角古镇
夜幕下的流光溢彩

上海概览

上海每月亮点
上海地理
上海历史
上海美食
领略上海风物
上海老城区四日游
上海浦东四日游

读懂上海

黄浦江：上海的地标性河流
海派文化：海纳百川，兼容并蓄
上海时代印记：引领一代时尚的符号
上海石库门：大上海的社会缩影
外滩和陆家嘴建筑：古典和现代穿越之旅
上海滑稽戏：中国剧坛奇葩
上海开埠：上海历史发展的转折点
现代化的上海：高速发展的大都市

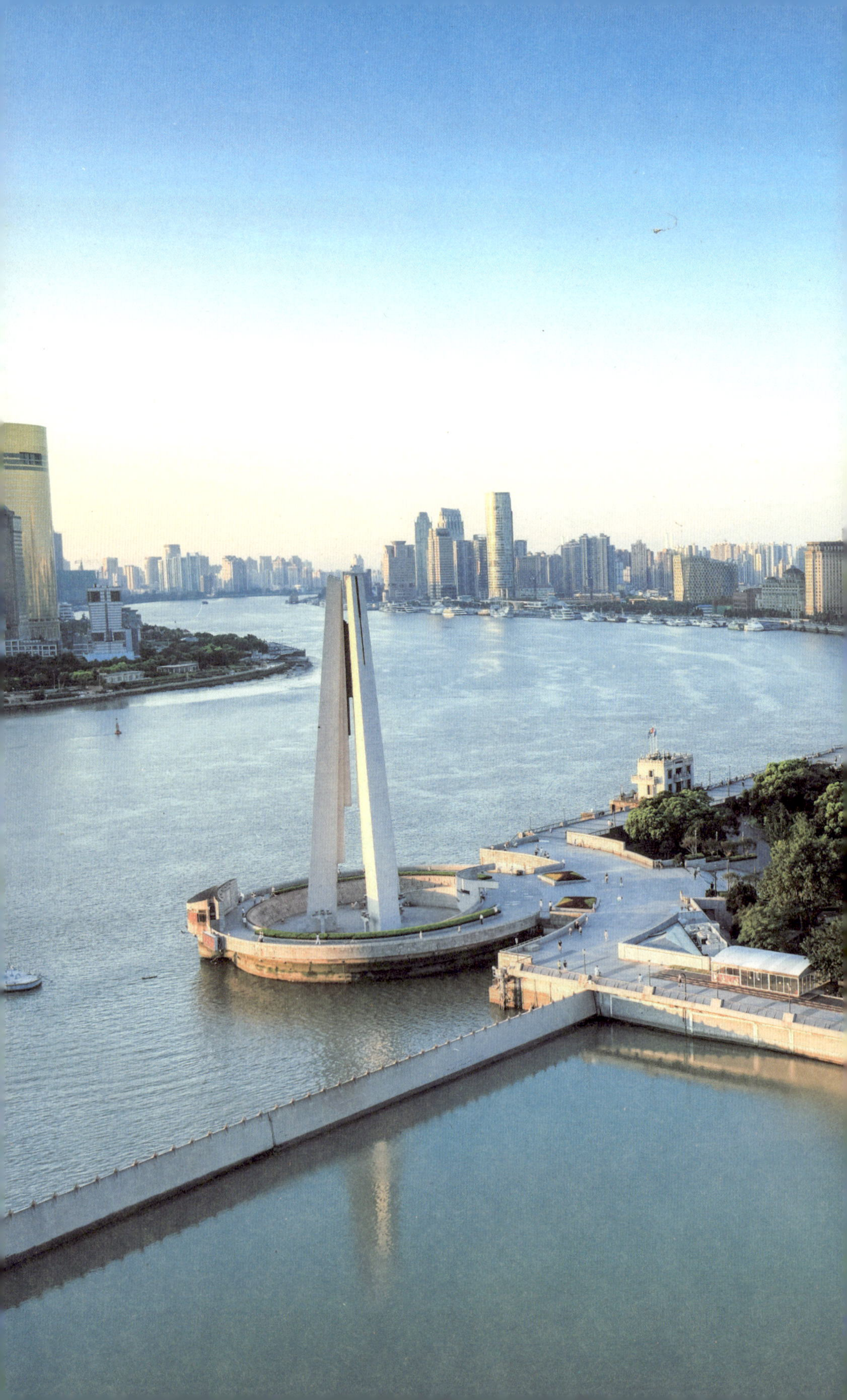

黄浦江带出大上海

　　世界上不少城市都依傍着江河，有如形影相随，恰似唇齿相依。对上海来说，便是说不尽的黄浦江。它蜿蜒流淌，记录着这座名城的历史渊源。黄浦江见证了陆家嘴的发展、浦东的繁荣、外滩的浪漫和世博会的成功，镌满了经典与回忆，它承载着上海成为东方之珠的沉厚底气，同时也洋溢着上海进击世界商都的蓬勃朝气。

绚丽的城堡圆童话梦

上海迪士尼乐园，是奇幻的童话城堡，是中国内地首座迪士尼主题乐园，是一个充满欢乐的神奇世界。它每个园区都各具特色，在这里可以体验冒险、刺激的项目，还可以亲密接触童话故事里的角色，这里有数不尽的梦幻和浪漫，可圆你一场童话梦。

爱上上海 |

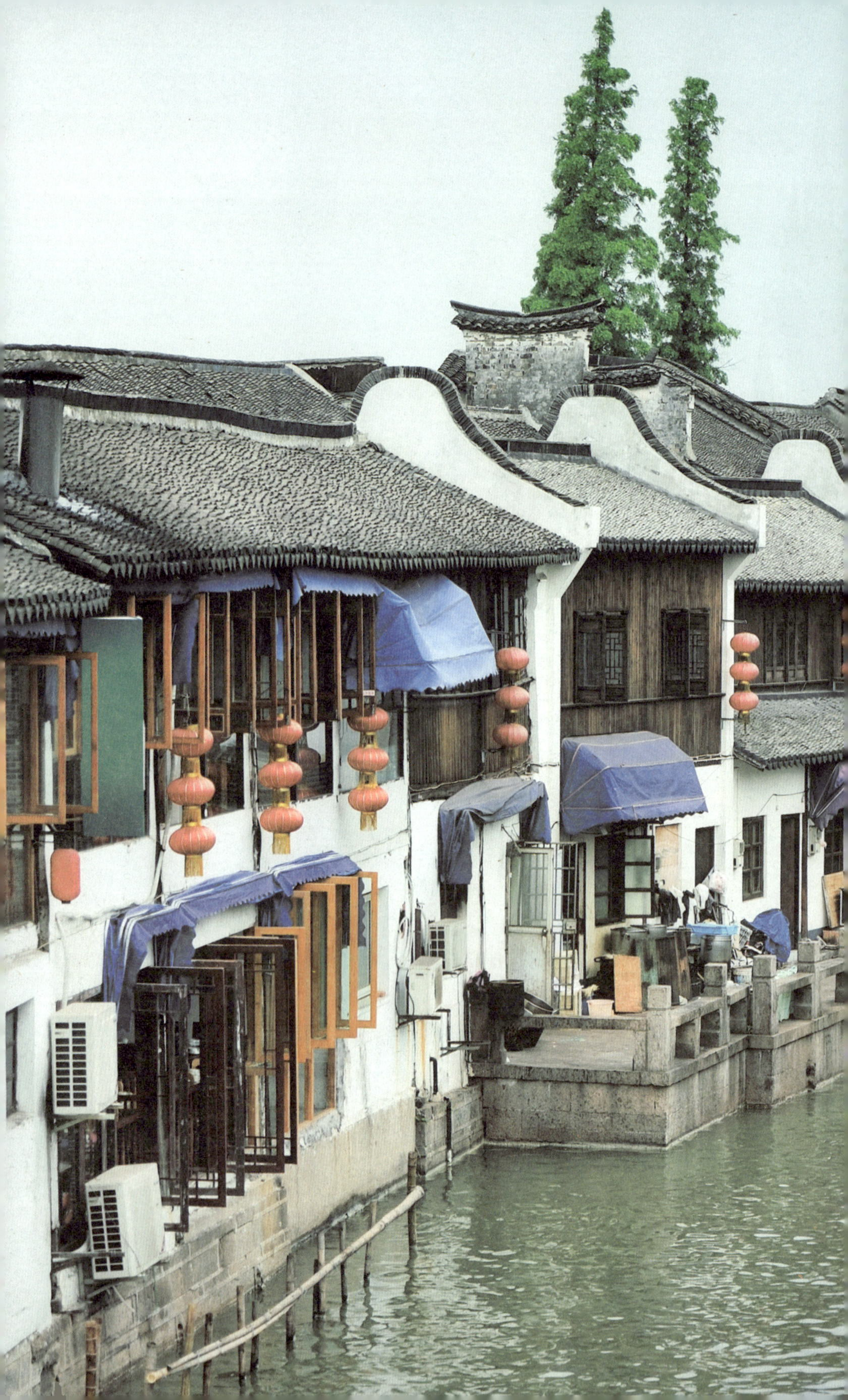

古色古香的朱家角古镇

朱家角的历史韵味，展现了上海的另一种风貌。整个古镇依河而建，古街穿梭其中，这里是典型的明清建筑，走在其中，仿佛穿越到百年前。夕阳西下时，几条渔船在河流中顾影流连，几只鸬鹚立在船头，整个画面充满诗意。这里仿佛有着读不完的故事，让人意犹未尽。

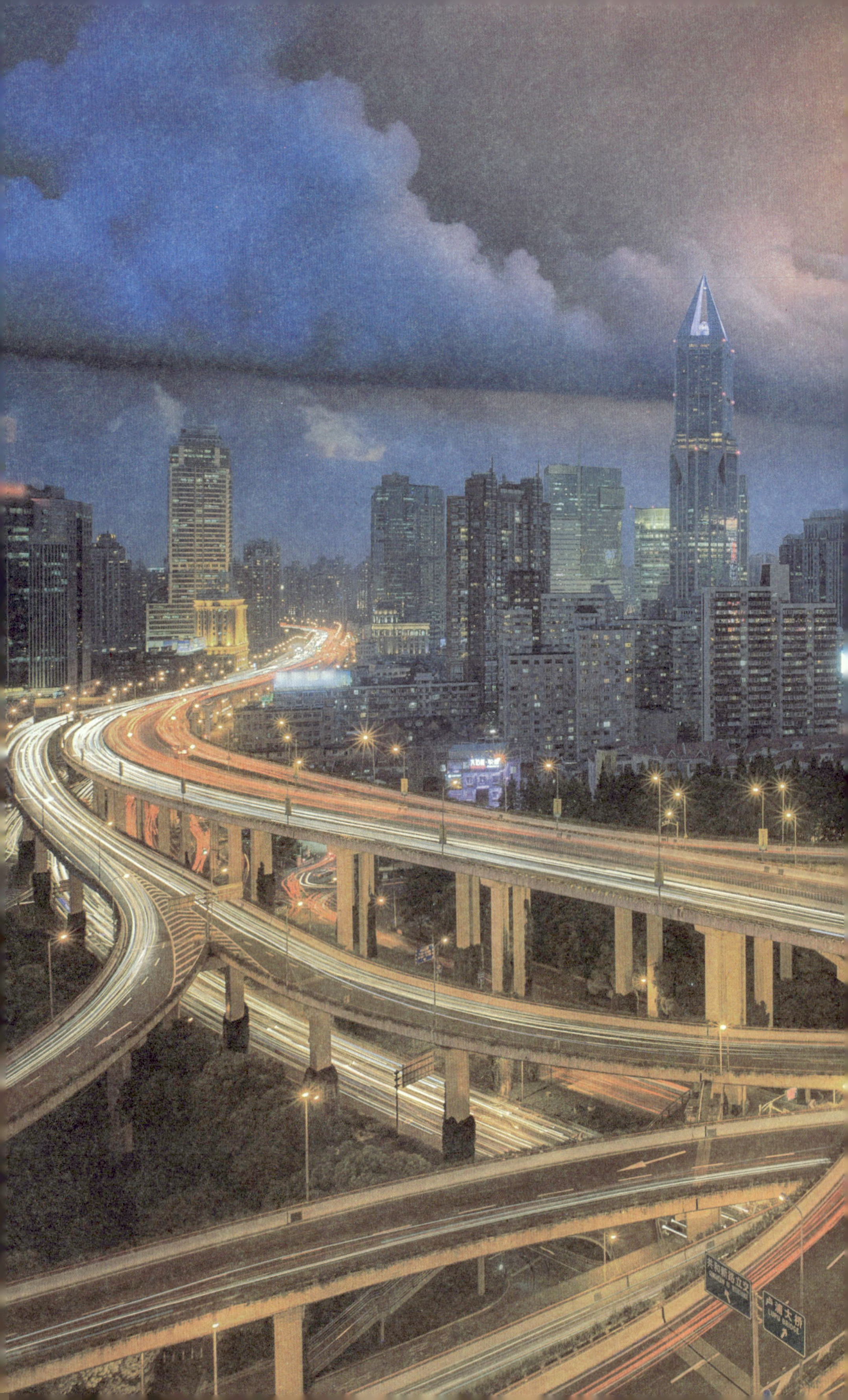

夜幕下的流光溢彩

高速发展的上海,引领着中国的潮流,也走在中国时尚的最前沿。每当夜幕降临时,上海的立交桥在灯光的映衬下汇成了一道道美丽的光带,宛如一条条长龙在高楼大厦间穿行,高空下俯瞰立交桥恍若梦幻世界一般,一旦进入这座城市,便不忍离开。

上海 每月亮点

1月（1月1日）
推荐游玩：元旦登高节
地点：佘山

2月（2月中旬）
推荐游玩：城隍庙元宵庙会
地点：城隍庙、豫园

3月（3月下旬）
推荐游玩：上海桃花节
地点：浦东南汇桃花村

4月
推荐游玩：浦东文化艺术节
地点：上海东方艺术心

5月（5月上旬）
推荐游玩：上海之春国际音乐节
地点：上海各大剧场及音乐厅

6月（6月中旬）
推荐游玩：上海国际电影节
地点：上海影城

7月（7月上旬）
推荐游玩：上海马陆葡萄文化节
地点：马陆葡萄主题公园

8月（8月中旬）
推荐游玩：摄影展
地点：上海文艺会堂展厅

9月（9月15日）
推荐游玩：上海旅游节
地点：上海各区

10月（10月上旬）
推荐游玩：国际音乐烟花节
地点：上海世纪公园

11月（11月中旬）
推荐游玩：上海菊花展
地点：共青森林公园

12月（12月中旬）
推荐游玩：东滩湿地观鸟节
地点：崇明东滩候鸟保护区

上海概览

人口：约2487万（2023年末）
面积：约6340平方千米
民族：主要以汉族为主

上海地理

地形

上海是长江三角洲冲积平原的一部分，海拔最高点位于金山区的大金山岛。在上海北面长江入海处，有崇明岛、长兴岛、横沙岛三个岛屿。崇明岛为中国第三大岛，由长江水挟带下来的泥沙冲积而成。上海地区河湖众多，水网密布，主要有黄浦江及其支流苏州河、穿扬河等，其中黄浦江是上海的水上交通要道。

气候

上海属于亚热带季风性气候，四季分明，日照充分，雨量充沛，春秋比较短，冬夏较长。春天温暖，夏天炎热，秋天凉爽，冬天阴冷。

上海的3、4月份是春暖花开的时候，也是上海最好的旅游季节。6月中旬至7月上旬是梅雨季节，忽晴忽雨，20多天雨量约占全年的1/4。上海的秋季，梧桐叶黄，落叶满地，给城市增添几分韵味。

上海
历史

春秋战国时期

约公元前 250 年，春申君兴修河道"黄歇浦"，即今天的黄浦江。

公元前 223 年，秦灭楚后设会稽郡，今天上海大部分地区当时归会稽郡管辖。

汉唐时期

秦始皇统一六国后，修筑了一条由咸阳经湖北、湖南抵达江苏、上海一带的宽阔驰道，该驰道通过今松江西北。

公元四五世纪，今上海一带居民多以捕鱼为生，他们的捕鱼工具叫"扈"，后改"扈"为"沪"，后"沪"成为上海的简称。

751 年，在今天的松江首先建起了行政县，称为华亭县，这也是上海最古老的称呼。

南宋时期

南宋开禧年间，在今嘉定区嘉定镇修建了法华塔，俗名"文笔峰"，有祈求科举高中之意。

1267 年，南宋正式设立上海镇治，上海渐渐成为南宋朝廷新的贸易港口。

元明时期

1292年，元朝中央政府把上海镇从华亭县划出，批准设立上海县，标志着上海建城之始。

1295年，黄道婆从海南返回上海传授纺织技术。到明代，上海已经成为全国棉纺手工业中心。

清朝时期

1685年，清政府在上海设立海关。到19世纪中期，上海已成为商贾云集的繁华港口。

1840年鸦片战争后，上海被辟为"通商口岸"，帝国主义纷纷在上海设立租界。

近现代时期

1915年9月，陈独秀在上海创办《青年杂志》（后改为《新青年》），成为新文化运动的开端。

1921年7月，中国共产党第一次全国代表大会在上海召开。

1990年，国家实施开发浦东战略，让如今的浦东新区成为上海现代化的缩影。

2010年，第41届世界博览会在上海举行。

上海美食

上海是一座充满魅力的都市，每年不少国内外游客都会到这里旅游。在上海的弄堂里，有着各色美食。上海的美食没有川菜的麻辣，主要以清淡为主，口感细腻，生煎、小笼包都是来这里不可不尝的美食。

生煎包

上海生煎包可以说是上海"土生土长"的点心，据说已有上百年的历史。上海生煎包外皮底部呈金黄色，上半部分撒了一些芝麻、香葱，咬一口满嘴汤汁，颇受上海人喜爱。

哪里吃：阿德生煎，上海市徐汇区龙华西路219-3号

八宝鸭

八宝鸭是上海城隍庙老饭店的特色菜肴，在上海人心目中是一道节庆大菜，被赋予不同寻常的意义。八宝鸭是用带骨鸭开背，填入配料，扣入大碗中，封以玻璃纸蒸熟。上海八宝鸭鸭形丰腴饱满，汤汁肥浓，香气四溢，味道鲜美。

哪里吃：上海老饭店，上海市黄浦区福佑路242号

南翔小笼包

南翔小笼包又叫南翔小笼馒头，该小吃素以皮薄、馅多、味鲜而闻名，是深受国内外顾客喜爱的传统风味小吃之一。南翔小笼包，形似宝塔，呈半透明状，晶莹透黄，咬一口满口生津，滋味鲜美。配上姜丝、香醋，其味更佳。

哪里吃：豫园商场南翔馒头店，上海市黄浦区豫园路87号

上海概览

上海蟹壳黄

上海蟹壳黄主要以上海罗春阁和吴苑饼家烹制的最为有名。它采用油酥面加酵面制坯，做成扁圆形饼，饼面上粘上一层芝麻，贴在壁炉上烘制而成，馅料有咸有甜，咸的有葱花、鲜肉、蟹粉等，甜的有白糖、玫瑰、豆沙等。

哪里吃：吴苑饼家，上海市静安区安远路881号

梨膏糖

梨膏糖是有着千年历史的上海名小吃，主要以城隍庙梨膏糖最为出名。梨膏糖是用纯白砂糖和杏仁、川贝、半夏、茯苓等14种国产良药材熬制而成，口感甜如蜜、松而酥。

哪里吃：上海梨膏糖商店，上海黄浦区文昌路41号

上海锅贴

上海锅贴是上海传统的小吃，主要以猪肉馅为主，根据不同的季节，配上不同的蔬菜，制作精巧，味道鲜美。

哪里吃：阿年锅贴，上海市杨浦区隆昌路600-4号

领略上海风物

在上海的每个角落，每一件风物都透露着与众不同的味道，在近百年的沧桑历史中，见证了时代发展，留下了过往的岁月痕迹，看着饱含历史风韵的风物，仿佛穿越到了几百年前。

旗袍

上海的旗袍代表了独特的文化和魅力，它把东方女人的美感表现得淋漓尽致。在西方人的眼中，旗袍具有中国女性服装文化的象征意义，在电影《花样年华》中，张曼玉的20多套旗袍再现了一个时代的记忆。

金山农民画

金山农民画是上海金山的民间传统艺术之一，以江南水乡风土人情为主要题材，融合了刺绣、剪纸、蓝印花布、漆绘等民间艺术表现手法，运用了大胆的艺术和夸张的色彩反差。取材于生活、扎根民间艺术是金山农民画的精髓。

雪花膏

雪花膏外表看起来洁白如雪，涂在脸上有一种冰凉的感觉，就像是雪花掉落，抹开后白色膏体很快就消失了，像雪花融化，所以上海人给它起了一个文艺的名字叫雪花膏。它除了可保护皮肤不干燥、不开裂，还有着阵阵的清香。

上海木雕

上海是我国木雕工艺品重点产区之一，按材料可分为白木、红木、黄杨木雕三大类。白木雕层次丰富，具有精工华贵的装饰特色；红木雕采用小块红木，运用镂雕、圆雕等技艺；黄杨木雕在传统雕刻技法的基础上，吸收了西洋雕塑的线条、结构等处理手法。

嘉定竹刻

嘉定竹刻是上海市嘉定区传统美术，国家级非物质文化遗产之一。嘉定竹刻艺人以刀代笔，将书、画、诗、文、印等多种艺术融为一体，赋予竹刻以书卷之气和金石品位，风雅绝俗。

上海顾绣

顾绣是上海传统的刺绣工艺，有着十分悠久的历史。相传顾氏的绣法出自皇宫，绣品使用的丝线比头发还细，刺针纤细如毫毛，配色精妙。顾绣主要以宋元名画作为摹本，画面均是绣绘结合。

上海
老城区四日游

城隍庙 — 豫园 — 南京路步行街 — 外滩 — 上海杜莎夫人蜡像馆 — 人民公园 — 上海博物馆 — 田子坊 — 淮海路步行街 — 上海新天地 — 多伦路文化旅游街 — 鲁迅故居 — 上海马戏城

DAY 1

早起可以去素有"长江三大庙"之一的城隍庙，去欣赏红墙泥瓦的建筑，品尝上海名小吃，然后前往附近的豫园，感受私家园林的魅力。下午可前往南京路步行街，购买一些轻奢物品，晚上前往上海外滩，欣赏外滩夜色，入住外滩。

DAY 2

上午参观上海杜莎夫人蜡像馆，之后在附近一家餐馆吃午饭，下午前往人民公园和上海博物馆，晚上入住老城区。

DAY 3

早上前往田子坊，感受上海石库门建筑，在巷子里欣赏让人眼花缭乱的小商品。中午前往淮海路步行街，下午去有着上海历史文化风貌的新天地，晚上入住新天地附近。

DAY 4

早上前往多伦路文化旅游街，在这里可以感受到上海发展的沧桑历程。中午前往鲁迅故居，下午前往上海马戏城，看一场表演。

上海 浦东四日游

- 东方明珠塔
- 陆家嘴
- 上海中心大厦
- 上海科技馆
- 世纪公园
- 世博园
- 上海迪士尼乐园
- 上海野生动物园
- 上海鲜花港

DAY 1

早上前往东方明珠塔，走一走明珠塔上的玻璃栈道，俯瞰陆家嘴风光，中午在附近找一家餐馆就餐。下午在陆家嘴中心绿地逛一逛。晚上前往上海中心大厦，欣赏上海陆家嘴夜色，入住浦东新区。

DAY 2

早起参观上海科技馆，中午在世纪公园走走，下午前往世博园，参观中华艺术宫。晚上入住浦东新区。

DAY 3

早起前往上海迪士尼乐园，探索令人难忘的七大主题园区，傍晚时分可以欣赏烟火表演。

DAY 4

吃完早饭，前往野生动物园，这里有国内外的珍稀野生动物200余种，下午可以前往上海鲜花港，晚上住在鲜花港附近。

黄浦江
上海的地标性河流

  黄浦江是上海地标性河流，全长约 113 千米，是上海最大的河流，也是上海的重要水道。黄浦江是历史上最早人工修凿的河流之一。黄浦江的下游曾被叫作黄歇浦和春申江，据说在战国时期，这里是由春申君黄歇带领当地百姓疏浚治理的。

  黄浦江流经上海市区，将上海分为浦东和浦西，横跨黄浦江之上的南浦大桥和杨浦大桥就像两条巨龙横卧在黄浦江上，与东方明珠塔连在一起，正好构成"二龙戏珠"的巨幅画卷。上海的吴淞口便是黄浦江的入海口，也是黄浦江与长江的交汇口。在海水涨潮的时候，黄浦江水是青灰色的，长江的水是黄色的，东海的水是绿色的，这三种颜色的水分向流着，泾渭分明，形成美丽的"三夹水"奇观。

  在黄浦江的两岸是万国风情的建筑和高耸入云的大楼，荟萃了上海城市的精华，是上海的象征和缩影。滔滔的黄浦江不仅是上海的母亲河，也是上海灿烂文化的象征，更是上海历史的见证。

海派文化
海纳百川，兼容并蓄

  上海文化又被称为海派文化，是在中国江南吴越文化基础上，融合上海开埠后舶来文化逐渐形成的上海特有的文化现象。海派文化既有江南文化的古典与雅致，又有国际都市的现代和时尚，形成了自成一体的独特风格。

  早在1843年到1898年，上海便已经呈现出"兼容并蓄"的文化特征。这使得上海的语言、饮食、习俗等文化都呈现出多元化特征，这一时期也哺育了海派文化的成长。

  不同时期海派文化是不同的，近代的海派文化主要以明清江南城市文化为底蕴，融合了近代西方文化元素，此时海派文化主要特点为彰显个性、灵活多变，同时有着很浓厚的商业性，不管在绘画和戏剧等方面都和商业有关。

  海派文化在外来文化、中国传统、精英文化和通俗文化之间呈现出开放的姿态，敢于创新、善于扬弃、打破陈规，形成了海派文化的基本特点，同时"海纳百川、兼容并蓄"成为海派文化的精髓。

上海时代印记
引领一代时尚的符号

上海是一座有历史有故事的城市，人们在谈论它高速发展的同时，总是会想起那些如烟的旧印记，那时候的《良友》画报、石库门、黄包车、夜上海、月份牌等都引领了当时中国时尚文化潮流，也是老一辈上海人心中永远的记忆。

《良友》画报

《良友》画报于 1926 年出现在上海，是伍联德先生创办的。作为一份大型的综合画报，它刚刚开始创办便广受欢迎。《良友》画报是一代上海人的记忆，它不仅在国内拥有众多的读者，在国外也享有很高的声誉。

黄包车

黄包车在当时十分流行，很多大户人家都有私家黄包车，并雇用专门的车夫。黄包车可以轻松自如地通过上海城内每一个拐角，可以随叫随停。后来，随着交通工具增多，黄包车退出了历史舞台。

夜上海

20 世纪中期，每当夜幕降临，大上海便会霓虹闪烁。当时的"百乐门"舞厅是上海最洋气、最风光的地方。

月份牌

月份牌属于一种商业绘画，因画面附有年月历表而得名。月份牌年画的题材并不广泛，前期以民间年画为主，后来以时装和古装的美女居多，前期的月份牌带有商品宣传功能，后期被作为年画来欣赏。

上海石库门
大上海的社会缩影

石库门是上海特有的建筑，有别于中国传统的四合院。它融汇了中国传统民居和西方文化特点。在上海的旧弄堂，一般都是石库门的建筑。

在19世纪后期，上海开始出现了传统木结构加上砖墙承重的住宅，由于这类居民的外门选用石料做门框，所以又叫作"石库门"。

上海石库门建筑

新天地：是以石库门建筑旧区为基础改建的时尚、休闲文化娱乐中心。漫步在新天地，仿佛置身在20世纪二三十年代的上海。

田子坊：是由上海特有的石库门建筑改建形成的时尚地标性聚集区，也是不少艺术家的创意工作基地，被称为"第二个新天地"。

静安别墅区：迄今为止仍然是上海最大的新式里弄住宅群，183幢老式石库门红砖房里住着900多户居民。

步高里：是典型的旧式石库门里弄住宅群，曾属于法租界，总共有79幢。很多名人曾先后居住于此。

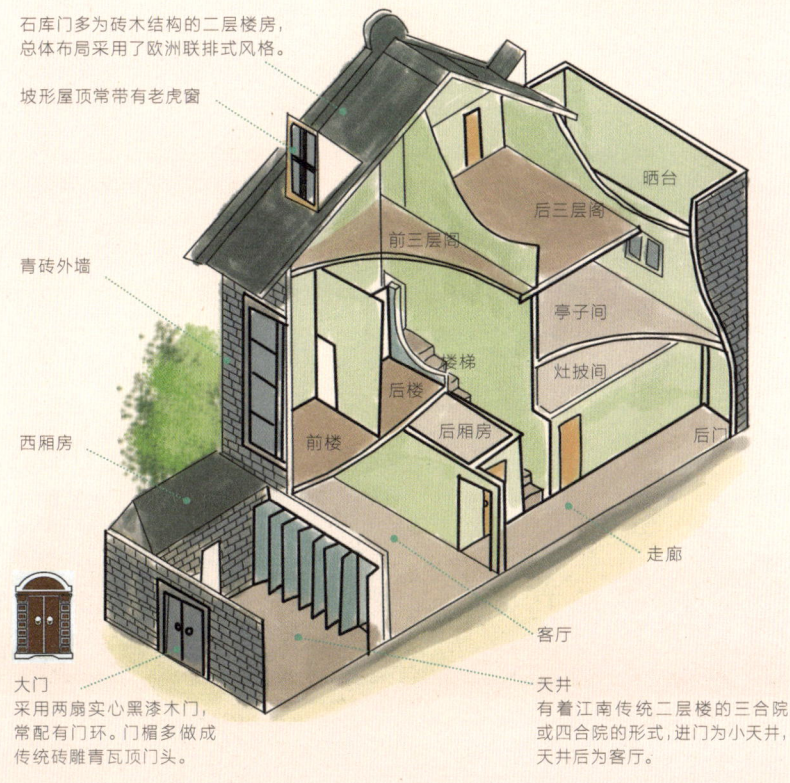

石库门多为砖木结构的二层楼房，总体布局采用了欧洲联排式风格。

坡形屋顶常常带有老虎窗

青砖外墙

西厢房

晒台

后三层阁

前三层阁

亭子间

楼梯

灶披间

后楼

后厢房

前楼

后门

走廊

客厅

大门
采用两扇实心黑漆木门，常配有门环。门楣多做成传统砖雕青瓦顶门头。

天井
有着江南传统二层楼的三合院或四合院的形式，进门为小天井，天井后为客厅。

外滩和陆家嘴建筑
古典和现代穿越之旅

外滩位于黄浦江畔，1844年这里被英国强占为租界，成了上海十里洋场的真实写照。外滩南起延安东路，北至白渡桥，矗立着50多幢风格不一的古典复兴大楼，这些拥有百年历史的建筑正是外滩的精华，它们在灯光映照下显得瑰丽挺拔，仿佛在诉说旧上海如梦般的往事。在外滩上被誉为"外滩第一楼"的麦克波恩大楼，底段与上段均为巴洛克式造型，中段为现代主义建筑风格，气派雄伟，简洁中透着堂皇之气。

在外滩对面的陆家嘴和外滩的建筑风格截然不同，时尚现代的摩天大楼拔地而起，是上海最具魅力的地方，也是改革开放的象征。这里有着上海的标志性建筑——东方明珠广播电视塔、环球金融中心和金茂大厦，在这里登高远望，半城风景尽收眼底。

外滩的华丽和沧桑，就像是老派贵族，仅一江之隔的浦东陆家嘴，则是时尚又现代，像是金融界的娇子。从外滩一路走到陆家嘴，这些建筑的变化让你仿佛穿越了百年。

上海滑稽戏

中国剧坛奇葩

滑稽戏是上海及其周边吴语地区地方传统戏剧，是国家级非物质文化遗产之一。滑稽戏诞生于清末民初，从当时上海学生和留洋归来的知识分子演绎的"新剧"中脱颖而出。滑稽戏由上海曲艺独角戏接受了中外喜剧、闹剧和江南地方戏曲影响而形成的独特喜剧艺术形式，是中国剧坛的一朵奇葩。它主要流行于上海、江苏、浙江等地区，受到观众的广泛欢迎。

滑稽戏经过了曲折漫长的艺术发展道路，形成了自己独特的艺术个性和美学特征。滑稽戏主要在笑声中演喜剧的情节，在笑声中揭示戏剧性的矛盾和冲突，在笑声中完成剧本主题，在笑声中获得预期的社会效果，喜剧性是滑稽戏核心要素之一。滑稽戏既继承了民族喜剧的艺术传统，也借鉴了外国喜剧艺术的优点。

优秀的滑稽戏演员不但会多种戏曲唱腔，还要会民间曲调或流行歌曲，并且也会各种流派唱腔。滑稽戏的演员大多都口齿伶俐、反应敏捷，能讲一口代表性的方言，如上海话、宁波话、苏州话、南京话等。

滑稽戏有着很浓郁的上海地方色彩，很多外地人听不懂，但也正因为独特的地方味道，使得滑稽戏有了无限的生命力。

上海开埠
上海历史发展的转折点

在中国近现代历史舞台上,上海是从往日的被动开放到现在的主动自信开放。从鸦片战争后的开埠到如今的国际化大都市,上海走过了不平凡的百年历程。

鸦片战争中国战败,清政府被迫签订《南京条约》和《五口通商章程》等不平等条约,1843年上海正式开埠,从此中外贸易中心从广东移到了上海。开埠以后,外国殖民者纷至沓来,竞相设立租界,建银行、办工厂、开洋行,霸占了海关税收大权,垄断了绝大部分金融外汇和进出口业务,从此上海成了旧中国时期帝国主义对中国进行政治、经济、文化侵略的重要据点。为了满足南来北往的住宿需要,今延安东路一带陆续开设了一些传统客栈。1860年,亨利·史密斯着手建造了一幢两层楼的西式旅馆,这便是上海第一家近代化的旅馆——礼查饭店,这家旅馆专门接待外国旅客。旅馆除客房外,还设有弹子房、酒吧、舞厅及扑克室等休闲娱乐设施。为了丰富旅客生活,饭店经常在楼下大厅中安排演出。

现代化的上海
高速发展的大都市

改革开放以来，上海迎来了发展的黄金期，在各个方面都取得了巨大的进步，成为中国经济、金融、贸易、航运的中心。在全国的经济建设和社会发展中有着重要的作用和地位。

浦东新区：浦东曾是经济落后的地区，20世纪80年代有着"宁要浦西一张床，不要浦东一间房"的说法。1990年政府开始大力开发浦东，1994年东方明珠塔建成，迎来了成千上万的游客登塔观光，成为上海的地标。后期金茂大厦、环球金融中心等陆续建成，一座座高楼拔地而起，跨国企业陆续进入陆家嘴，迎来了浦东前所未有的发展。2016年上海迪士尼乐园正式开园，从而带动了上海旅游业的快速发展。

世博会：第41届世界博览会在中国上海南浦大桥和卢浦大桥之间的滨江地区举办，也是在中国举办的首届世界博览会，在历时六个月的博览会期间，共有190个国家、56个国际组织参展，创造了世界纪录。博览会共建有五大场馆，展示各个地区的科技和文化成果，世博会中国馆在世博会后保留下来，成为现在的中华艺术宫。

高铁建设：上海目前有多个火车站，主要高铁站点包括上海站、上海虹桥站、上海西站、南翔北站等。其中上海高铁主要停靠站是上海虹桥站，此站位于闵行区，北端引接京沪高速铁路、沪汉蓉高速铁路，南端与沪昆高速铁路、沪杭甬客运专线接轨，是上海虹桥综合交通枢纽的组成部分，也是华东地区最重要的、规模最大的铁路客运枢纽。

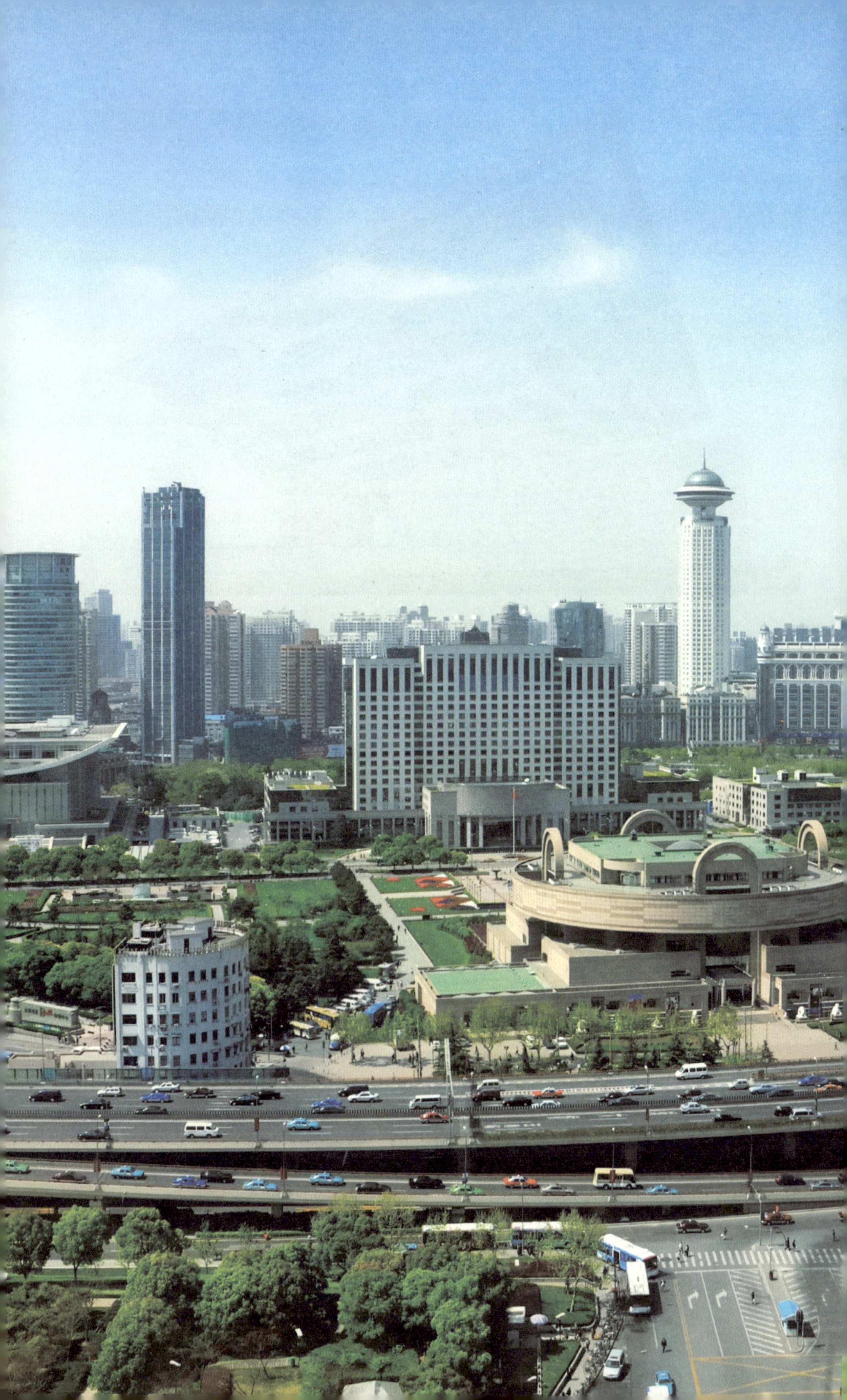

第1章
苏州河南岸

外滩
人民广场及周边
杜莎夫人蜡像馆
南京路步行街
豫园和城隍庙
上海新天地
徐家汇

上海深度游
Follow Me
慢旅行的领导者

外滩
万国建筑博览群

微印象

@采繁祁祁 外滩的夜景真的很美,在这里能够体会到上海特有的气息,还能看到地标性建筑物,外滩的白天和晚上则是截然不同的景色。

@幸福中的麦兜猪 夜色中的外滩尤其不负上海东方明珠的美誉,整片外滩灯火辉煌,犹如置身金色的世界之中。江中游艇、观光游轮缓缓而过,看着江对面的东方明珠塔,身后的历史建筑群,怀念它们悠久的历史,别有一番风情,爱外滩的夜色,更爱美丽的夜上海。

@小漂回来 站在外滩看浦东夜景很不错,五彩缤纷的灯光闪烁,参差错落的建筑群倒映水中,往来穿梭的船只,都很美,还可以沿着外滩漫步、休息。

门票和开放时间
门票:免费。开放时间:全天开放。

最佳旅游时间
上海的最佳旅游时间是春秋两季,一般是3~5月和9~10月。

进入景区交通
位置:上海市中心区的黄浦江畔中山东一路。
交通:乘坐地铁2号线,在南京东路站下车后步行可到外滩。

景点星级
浪漫★★★★★ 美丽★★★★ 特色★★★★ 休闲★★★★ 人文★★★★ 刺激★★★

外滩是一条紧邻黄浦江的路，名叫中山东一路。在这条路上有哥特式、巴洛克式、希腊式、西班牙式、中西合璧式等52幢风格各异的大楼，被称为"万国建筑博览群"。

　　早晨，外滩是人们健身的场所；白天，它是繁华热闹的游览胜地；晚上，则是情侣的恋爱天地。绝美的爱情墙，让世界惊叹不已。每当华灯初上之时，外滩各栋建筑物上总是灯光辉煌，一座座犹如水晶宫似的造型，令人感叹不已；万国建筑博览群的灯光夜色注定是繁华夺目的，风格各异的建筑物在夜晚陡然变得特别亮眼，而同时隔江相望的陆家嘴金融中心的美妙夜色同样尽收眼底。

❶ 亚细亚大楼—上海总会

　　亚细亚大楼是外滩1号楼，被誉为"外滩第一楼"，建成于1906年，原名麦克波恩大楼。其高8层，大楼外观具有折衷主义风格，立面为横3段、竖3段式，底段与上段均为巴洛克式造型，中段为现代主义建筑风格。大楼气派雄伟，简洁中不乏堂皇之气，可谓繁简相宜，华贵典雅。

　　外滩2号原是上海最豪华的俱乐部——上海总会。新中国成立后，上海市人民政府接管了这幢大楼，改建为国际海员俱乐部；1971年改为东风饭店。

小贴士

　　在外滩与浦东陆家嘴东方明珠之间有一条越江观光隧道，隧道内会演示反映人物、历史、文化、科技、风景等各方面内容的各种图案、影像及背景音乐，使过江过程带有极强的趣味性、娱乐性和刺激性。

Follow Me 上海深度游

❷ 汇丰银行大楼—上海海关大楼

外滩12号原为香港汇丰银行上海分行，现为浦东发展银行。此楼属新希腊式建筑，建于1923年，该楼八角形门厅的顶部离地面20多米高处，有8幅由几十万块仅几平方厘米的彩色马赛克镶拼成的壁画。另有28根13米的意大利天然大理石石柱，其中4根是没有拼接的巨石，据说世界上只有6根，另2根在法国卢浮宫内。

13号海关大楼是汇丰银行的"姐妹楼"，建于1927年，雄伟挺拔，与雍容典雅的汇丰银行大楼齐肩并列，相得益彰。上海海关大楼结合了欧洲古典主义和文艺复兴时期建筑的优点，建筑造型属新古典派希腊式，上段的钟楼则为哥特式，有10层楼高，是仿英国伦敦国会大厦的大钟制造，据说组装大钟就花了白银2000多两，是亚洲第一大钟，也是世界著名大钟之一。海关大楼巍然屹立在浦江之滨，它那铿锵、激昂的钟声象征着庄严，象征着使命。

攻略

1.汇丰银行大楼是外滩少有的可以进去参观的建筑，其门厅顶部有8幅彩色马赛克镶拼成的壁画，内部不允许拍照。

2.海关大楼楼外的大钟为"亚洲第一大钟"，每逢整点奏《东方红》曲。

点赞

👍 @hi绿野仙踪 夜晚的上海外滩霓虹闪烁，恍如白昼，万国建筑群也别有一番景色。临江观看对面的浦东，摩天高楼在灯光的照射下格外绚丽。

👍 @springFeeling 无论是在浦东还是浦西都值得仔细观赏建筑之美，尤其是夜幕降临、华灯初上时分，灯光勾勒出优美迷人的线条，每次看都是如此动人。

❸ 外滩20号

外滩20号现为和平饭店。南楼为仿文艺复兴时期的均衡式公寓建筑，外表对称庄重典雅；北楼外墙采用花岗岩石块砌成，从旋转厅门进入饭店，大堂地面由乳白色大理石铺成，顶端装饰着古铜镂花吊灯，豪华典雅。

攻略

饭店内部设有九国各式特色套房，餐厅、大堂装饰富丽堂皇，还有颇受国外游客欢迎的上海老年爵士乐队在此演奏世界各地名曲，使人仿佛置于一个世界文化与经典艺术相交融的殿堂。

苏州河南岸

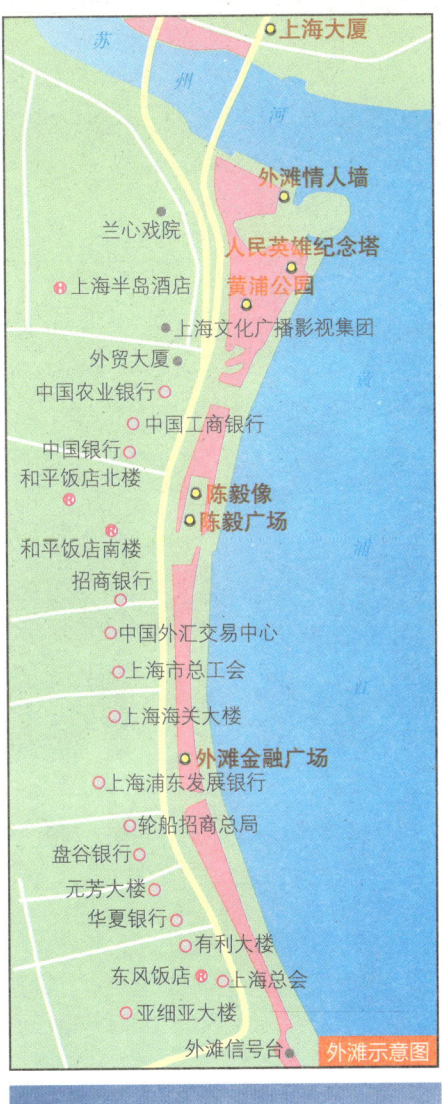

❹ 外滩23号

现为中国银行所在地。外滩的建筑素以欧洲风格居多，而这幢楼却是外滩众多建筑中唯一一幢由中国人自己设计和建造的大楼，是上海最成功的摩天大楼之一。大楼分为主楼和次楼，外墙为金山石，屋顶为平缓的四方攒尖顶，东立面从高到低有变形的钱币形镂空窗框。大门上方原有孔子周游列国石雕，讲述了一个个令人向往的故事；营业大厅的天花板上原来还雕有"八仙过海"的图案，这里到处洋溢着古色古香的氛围。

攻略

1.由于距外滩建筑较近，拍摄时只能拍其局部，而建筑的特色很大程度在于其线条美，因此要突出其建筑的质感，可以使用广角镜头。另外，这里夜景也非常美，拍摄时三脚架和快门线必不可少。

2.可以在外滩的南端坐船夜游黄浦江，有浦江游览和水上巴士两种可选择。也可以坐市轮渡，市轮渡现在主要供骑车的市民过江。

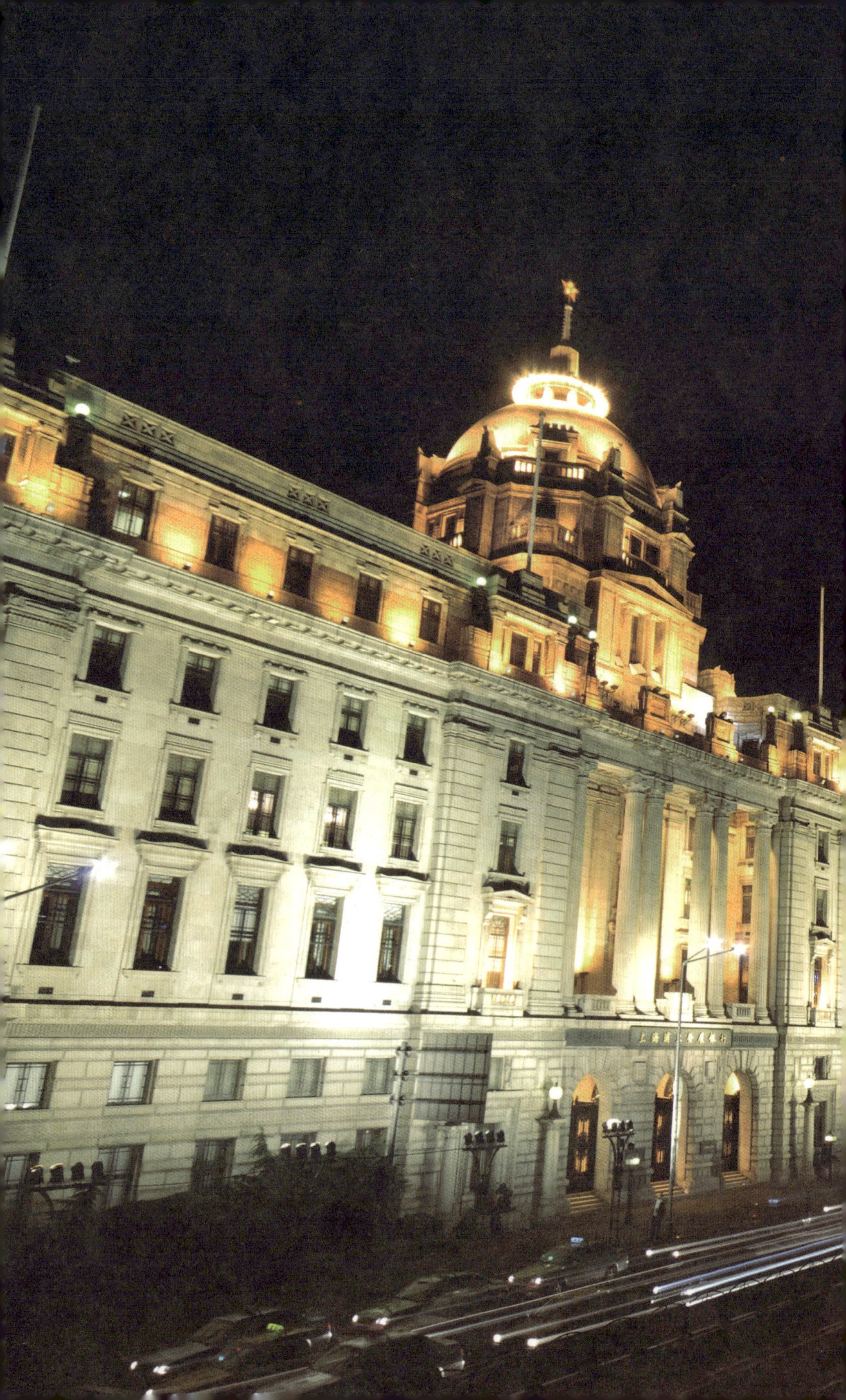

外滩的精华就在于万国建筑群,一幢幢不同风格的建筑,华贵而典雅,讲述着如烟的往事。

Follow Me 上海深度游

⑤ 黄浦公园—陈毅广场

　　作为外滩主要景点之一的黄浦公园，是上海最早的欧式花园，始建于清同治七年（1868年），是外滩百年沧桑的见证。如今，上海人民英雄纪念塔屹然挺立，塔底免费开放的外滩历史纪念馆是一部中华民族百年的奋斗史。

　　"十里南京路"尽头的陈毅广场是为纪念新中国上海市第一任市长陈毅而建，其塑像昂然矗立。陈毅塑像坐北朝南，用青铜浇注，高5.6米，底座用红色磨光花岗石砌成，高3.5米，塑像再现了陈毅同志视察工作时的姿态，展示了他一路风尘、勤勤恳恳的公仆形象。

攻略

1.黄浦公园至新开河的黄浦江边有个"情人墙"，前面设有观光台，临江处有32个半圆形花饰铁栏的观景阳台，还有供人休息的造型各异的人造大理石椅子，逛累了可以在此歇息。

2.每逢周末，在陈毅的塑像前举行隆重热烈的广场音乐会；陈毅塑像南面还有喷泉，水柱随着声音喷射，时高时低，池底安装了彩色的光源，夜晚随着灯光的变换，条条水柱辉映出红、黄、蓝、绿的光束，非常美丽。

攻　略

住宿　驴友力荐的住宿地

　　外滩是上海酒店最集中的区域之一，上至几千元的星级酒店，下至百元的青年旅社，都可以在此寻到，如上海和平饭店（地址：南京东路20号）、皓江公馆（地址：四川中路126弄5号）、上海外滩观景老洋房（地址：福州路35号）。

特别提示

　　由于黄浦江通江接海，受到潮汐影响，平均每天有两次明显的涨潮和退潮现象，一天内的水位落差可达4米以上，如遇天文大潮，水位落差就更大了，在这里漫步时要小心。

人民广场及周边
城市绿肺

微印象

@自由出行 这里是个娱乐的天堂，到南京路、新世界、外滩都很方便。来上海一定要去，这里还是交通枢纽。

@暖宝宝 人民广场以前是跑马厅，喷泉是这里比较著名的景观，广场上的鸽子也很友善，可以喂它们食物。

@Rococ 人民广场很适合作为聚会的集合点，交通也很方便，广场下面的地铁枢纽站可媲美上海南站。广场周边还有购物广场和餐厅，周末和朋友来此逛街是不错的选择。

门票和开放时间
门票：免费。
开放时间：全天开放。

进入景区交通
位置：上海市黄浦区人民大道。
交通：乘坐地铁1、2、8号线在人民广场站下车即可。

景点星级
美丽★★★★　刺激★★★★　浪漫★★★★　特色★★★　休闲★★　人文★★

Follow Me 上海深度游

　　位于上海市中心的人民广场是上海最大的公共广场，总面积约14万平方米。新中国成立前，它与毗邻的人民公园曾是一个赛马的场所，号称远东第一的"上海跑马厅"。广场北侧现为上海市人民政府，西北侧为上海大剧院，东北侧为上海城市规划展示馆，南侧为上海博物馆，人民大道穿越其中。

　　整修后的广场中央有约320平方米的圆形喷水泉，以及面积达8万平方米的大片绿化地。绿茵茵的草地、众多的树木、大大小小鲜花盛开的花坛里点缀着喷泉、雕塑小品、艺术灯柱、石椅石凳，营造出一种休闲的氛围。广场西部上千只洁白的和平鸽起落盘旋，颇为壮观。

攻略

1. 广场地下的香港名品街、迪美购物中心和不远的南京路步行街都是市民购物休闲的去处。
2. 靠近地铁2号线的地下有一条"1192弄老上海风情街"，在这儿可以欣赏到实景的老上海滑稽戏建筑风貌和市景风俗。
3. 广场西部养有上千只和平鸽，每当节假日，游人如织，和平鸽与游人嬉戏，为广场增添了安详和平的气氛，令人赏心悦目。游人可以自带或买一些食物喂鸽子。

人民广场示意图

苏州河南岸

① 上海市政大厦

上海市政大厦总建筑面积为8.7万平方米，高72米，主楼共计19层。大厦的整体显示出"庄严、大方、朴素、明快"的特色。大厦大门竖立着10根9米高的石柱，显得庄严方正，用宽大的花岗石为踏步，4层裙楼的外墙用花岗岩贴面，象征政权的恒久与牢固；主楼用白色人造石贴面和蓝灰色垂直玻璃幕墙，既清新明快，又象征政权的清正廉明。细部处理上采用了上海市花白玉兰图案做浮雕装饰，加上精致的线条，达到丰实的艺术效果。

> **小贴士**
>
> 1.夏天有烈日的时候最好别去，除非你想做日光浴，顺便把皮肤晒成小麦色。
>
> 2.在游玩和购物的时候一定要看好自己的物品。

② 上海大剧院

上海大剧院结构为简洁流畅的几何形造型，皇冠般的白色弧形屋顶弯翘向天际，上面有古典的户外剧场和空中花园，形似聚宝盆，象征着上海吸纳世界文化艺术的博大胸怀。

③ 上海博物馆

上海博物馆是一座方体基座与圆形出挑相结合的建筑，造型具有中国"天圆地方"的寓意。博物馆有4座高耸的艺术雕刻拱门，记录文字和历史演变的进程；右面门前两侧8只狮子和天禄的艺术石雕，表达了中国文化的无比璀璨。博物馆1~4层为青铜器、陶瓷、书法、绘画、雕塑、玉器、少数民族等12个专馆和2个临时展厅，共珍藏计12万件珍品，还有中外文专业书籍20万册。

攻略

1.从远处眺望博物馆，圆形屋顶加上拱门的上部弧线，整座建筑犹如一尊中国古代青铜器；若从高处俯视博物馆，屋顶平面犹如一面巨大的汉代规矩镜的图案。

2.到了晚上，中间圆顶13米跨度的玻璃采光球，在泛光灯照耀下，更似一颗熠熠生辉的夜明珠。

④ 中国共产党第一次全国代表大会纪念馆

中国共产党第一次全国代表大会纪念馆简称中共一大纪念馆，离人民广场大约1千米，由中国共产党第一次全国代表大会会址、宣誓大厅等组成。

中共一大会址为典型的上海石库门风格建筑，始建于1920年。1921年7月23日，中国共产党第一次全国代表大会在此召开，宣告了中国共产党的诞生。

基本陈列展厅位于中共一大纪念馆新馆地下一楼，展览内容为"伟大的开端——中国共产党创建历史陈列"，以"初心使命"贯穿全篇，共分为序厅，"前仆后继、救亡图存"，"民众觉醒、主义抉择"，"早期组织、星火初燃"，"开天辟地、日出东方"，"砥砺前行、光辉历程"和尾厅7个部分，全面系统地展示了中国共产党的诞生历程。纪念馆新馆外是中共一大国旗广场，如今也成了上海新地标。

Follow Me 上海深度游

攻略

住宿 驴友力荐的住宿地

人民广场周边住宿方便，既有远东饭店等高档酒店，也有金门大酒店等中档酒店，还有青年旅舍和民宿。

上海金门大酒店：位于南京西路108号，面对人民广场和人民公园。酒店建筑为百年老建筑，现拥有各式客房177间。店内设有意大利情调餐厅，提供各式中西名馔。

一间森林青年旅舍：位于广西南路21号，距地铁8号线大世界站约230米，距上海博物馆约600米。这里有老上海里弄和西方建筑的碰撞，有海派文化和新潮艺术的交汇。

美食 饕餮一族新发现

逛街胜地最不缺的就是美食，人民广场也不例外，本帮菜、西餐、甜品店等均聚集在此。推荐南京大牌档（地址：人广世贸52的3楼）、老瑞福上海菜餐厅（地址：凤阳路238号）、新白鹿餐厅（地址：第一百货商业中心c馆9层）、上海·隆小馆融合本帮菜（地址：平望街44号）、苏小柳手工点心（地址：南京西路新世界城B1）。

行程推荐 智慧旅行赛导游

可以按照顺时针参观人民广场上的建筑，如上海市人民政府—上海博物馆—上海大剧院，看完建筑后还可以去地下广场逛逛。

杜莎夫人蜡像馆
全世界水平最高的蜡像馆之一

微印象

@小斯^一^ 第一次近距离亲密接触这么多"明星",很兴奋。这些蜡像看上去栩栩如生。

@娜娜酱 整座蜡像馆不大,比较适合爱拍照的人去,一起合影出来的效果上看起来还挺惟妙惟肖的。

@haiyujing 在上海和香港各有一家杜莎夫人蜡像馆,个人认为这里是去上海必须去的地方。里面有些蜡像非常逼真,让人分不清真假。

门票和开放时间
门票:成人票210元,儿童票160元,0.9米以下儿童免费。

开放时间:周一至周四10:00~19:00(18:00停止售票 入馆),周五至周日10:00~21:00(20:00停止售票入馆)。

进入景区交通
位置:黄浦区南京西路2-68号新世界城10楼,近西藏中路。

交通:市区内乘坐地铁1、2、8号线至人民广场站下车步行即到。

景点星级
刺激★★★★　特色★★★★　美丽★★★　浪漫★★★　休闲★★★　人文★★

Follow Me 上海深度游

2005年，上海从全球30多座候选城市中脱颖而出，成为全球第6座杜莎夫人蜡像馆的落脚地。经过20年的发展，杜莎夫人蜡像馆不断完善，拥有了百余尊栩栩如生的名人蜡像，配合精采无比的视听效果及高科技的互动体验，可让参观者仿佛置身于名人当中，与心爱的偶像近距离接触，感染明星的魅力风采。

蜡像馆内设有12个主题展区，包括顶级派对展区、电视娱乐展区、环球影视展区、音乐梦工厂专区、体坛风云展区、科学巨匠展区、皇家派对花园专区、韩流专区、时尚专区、中国时尚新势力专区、漫威超级英雄专区和《盗墓笔记》实景体验区。

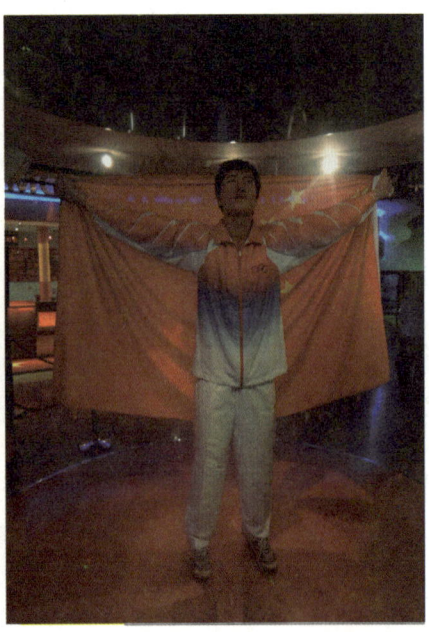

中国时尚新势力专区，聚焦中国新时尚，顺应时尚新趋势，解锁潮流新生活，为游客揭秘一场从幕后到台前的时尚个性之旅，领略当代名人们忠于自我、随性自由的时尚生活态度。整个专区由摩登隧道、VIP造型区、时尚直播间和华彩派对区组成，时尚爱好者们将穿越烙印魔都剪影的摩登隧道，在VIP造型区体验多彩时妆与百变穿搭之后，化身时尚达人玩转自己的专属直播间，最后恣意放松享受华彩派对。在这里每个人都是时尚的表达者，感受以你为焦点的沉浸式中国时尚星体验。

链接　杜莎夫人小传

杜莎夫人（1761—1850年），原名玛丽·格劳舒兹，生于法国的斯特拉斯堡，是一位杰出的艺术家，以制作蜡像而闻名。杜莎夫人在1777年为伏尔泰创作的蜡像是她的成名作，那一段时间她还为其他著名人士制作蜡像。1835年，她在伦敦贝克街建立了第一个永久性蜡像馆。

顶级派对展区以上海电影节为灵感，融合独特体感交互技术。展区中有众多明星蜡像，仿佛众明星一同在电影节星光红毯上优雅亮相。在这里，你可以体验到独有的魔都特色和科技创新：在200余块数字红毯上舞动出属于自己的光彩，在举起小金人奖杯的同时重现影帝/影后般的沉浸式获奖瞬间；外滩屋顶庆功酒会上，挑选一杯专属鸡尾酒特调，"MT touch"感应系统会让氛围随你而悦动。时尚星潮，宝藏出片，关于上海电影节的绮梦在此刻完满。

苏州河南岸 |

攻略

美食 饕餮一族新发现

　　杜莎夫人蜡像馆距离人民广场仅几分钟的距离，参观完蜡像馆后可以去人民广场转一转，饿了的话可在那儿用餐，那里选择较多，具体可参考P40。

南京路步行街
中华商业第一街

微印象

@hi绿野仙踪 南京路是上海最繁华的道路之一，著名的外滩万国建筑群就坐落于此，这里还是隔江看浦东的最佳地。

@sadanjj2010 到上海，就不能不去南京路。走在南京路上，看着形形色色川流不息的人群，抬头看看霓虹斑斓的楼宇，不禁令人唏嘘。

@小玩家ab 南京路步行街不仅是购物的天堂，也是上海的一道风景线。

门票和开放时间
门票：免费。
开放时间：全天开放。

进入景区交通
位置：上海市黄浦区南京东路。
交通：乘坐地铁1、2、8号线在人民广场站下车，或乘坐2、10号线在南京东路站下车均可到达。

景点星级
休闲★★★★★　美丽★★★★　浪漫★★★★　刺激★★★　特色★★★　人文★★★

苏州河南岸

南京路步行街西起西藏中路，东至中山东一路外滩，步行街的东西两端均有一块暗红色大理石屏，上面写着"南京路步行街"6个大字。

南京路已有100多年的历史，步行街全长1528米，以4.2米宽的"金带"为主线，贯穿于整条步行街中。"金带"上有37个进行过特殊设计的雨水窨井盖，每个窨井盖都刻有不同图案——上海开埠以来各时期代表性建筑物和构筑物浮雕，并标注建造年份，浓缩了上海百余年来城市建设的发展史。

"金带"处于阳光的照射面，强烈地标志着步行街的休憩空间，反映了步行街的静态特征；而两侧步行区平坦开阔，无任何障碍物，直接通向商店，反映了步行街的动态特征。另外，"金带"采用抛光印度红花岗岩，夜幕降临时折射出两侧的霓虹灯光，流光溢彩。

专题 南京路名店一览

老大房： 最有特色的是熏鱼和鲜肉月饼，尤其是熏鱼外面的那层糖酱，是用家传秘方配制而成，咸中带甜，外脆内酥。鲜肉月饼采用的是精制肉酱，经260℃高温烘烤而成。

邵万生： 专营自产自销的宁绍风味糟醉食品，醉泥螺和醉蟹闻名中外。

沈大成： 集点心与风味小吃之大成，其中以糕团最享有盛名。

张小泉： 张小泉剪刀剪绸不带丝，剪布干净利落，不生锈，刀口损伤小，其剪刀头片上还刻有图案，令人爱不释手。

朵云轩： 以经营中国书画及其相关的文房四宝著称，它的木版水印复制艺术则与北京的荣宝斋分别雄峙于大江南北。

吴良材： 茂昌和吴良材为同一类型的老字号，专营各式眼镜。

045

Follow Me 上海深度游

南京路步行街示意图

走在这1000多米的步行街上，时时体会到一种莫大的快乐，彩色的铺路砖石、统一的路心售货亭、两边各类时尚流行商店、熙熙攘攘的人群、可爱的观光小火车，以及设计别致的城市雕塑等，这些都构成了上海的现代都市风景。

攻略

1. 如果时间较少，想提高购物效率，建议游览黄河路与河南中路的南京路精华段。这一路段著名商店比较集中，如市百一店、永安公司、新世界城、伊都锦等。

2. 从地铁1、2号线人民广场站的地下通道可直接进入新世界城，过了西藏中路人行天桥就是市百一店和南京路步行街，这里没有拥挤的车辆，繁华而优雅，购物、休闲、美食都十分惬意。

步行街中段有座广场，名为世纪广场，广场西侧有近400平方米的绿地，绿地西侧耸立着一座高3.08米的东方宝鼎，东侧安置了一座时鸣钟，是为了纪念中国和瑞士建交50周年，瑞士人民赠送给上海人民的礼物。从步行街进入世纪广场，空间豁然开朗，既丰富了城市景观，又为游人提供了开阔的绿化休闲场所。

步行街旁还有一座西藏路天桥，该天桥建于1985年。重修后天桥的主体结构保留，设计采用不锈钢栏杆和玻璃护栏，桥面使用彩色水泥，底部用铝合金扣板和弧形肋板吊顶，并安装2400根光纤，由计算机控制形成五种颜色渐变的满天星效果的弧形光环。

小贴士

南京路步行街非常繁华，周末和节假日的时候人非常多，呈现一番热闹情景，但正因为人多所以也比较混乱，如果想要去这里游玩的话，建议保管好自己的物品。

攻略

1. 每到正点，广场上的时钟会响起中国民歌旋律的钟声。此外，世纪广场上经常会有演出、商品展示和举办各种大型活动，幸运的话还可以赶上热闹的场面。

2. 如果起得来，不妨在6:00~7:00来这里逛逛，此时商店均大门紧闭，但街上却热闹非凡，跳交谊舞的、打太极的、溜滑板的、打羽毛球的人们聚在一起，使这里变得像一座公园，与白天的喧嚣相比恍如两个世界。

攻 略

苏州河南岸 |

景区交通 游遍景区不犯愁

观光小火车：穿行在步行街内。由一节节小巧玲珑的车厢组成，车厢上画满了精美的图案，每节车的图案色彩各不相同。票价10元。

双层观光巴士：路线为外滩—豫园—上海人民广场—南京路步行街—外滩。票价100元，发车间隔20分钟一班，有敞篷和非敞篷两种选择。

住宿 驴友力荐的住宿地

南京路一带有许多酒店可供选择，有豪华的星级酒店，也有经济便捷的连锁性酒店。

上海大酒店：酒店毗邻南京东路步行街，与世纪广场仅一步之隔，大酒店拥有内景大床房、豪华商务房、行政商务房、商务套房等多种房型，一楼有咖啡厅，二楼为法国餐厅，三楼有宝粤轩粤菜餐厅，四楼有独特的椭圆球型宴会厅。

上海丽笙精选海仑宾馆：宾馆坐落在步行街上，拥有多种房型。宾馆还提供纯正风味的法式西餐。

锦江都城经典酒店：位于南京东路与山西南路交会处，是一家拥有各类客房、大小餐厅、会议室、商务中心等设备齐全的涉外宾馆。

如家酒店（南京路步行街店）：位于南京路步行街与山西南路路口北侧30米、山西南路小吃街上，地铁2号线、10号线南京东路站4号口出来向右直走穿过步行街1分钟即达。

美食 饕餮一族新发现

南京路步行街上的老字号美食数不胜数，泰康的零卖饼干，新雅的广式点心，燕云楼的片皮鸭，老大房的熏鱼和鲜肉月饼，沈大成的糕点，三阳、邵万生的南货，第一食品公司的小吃等，一应俱全。

如果逛南京路步行街真要享受美食的话，不妨到附近的云南路美食街或是南京西路的吴江路；如果需要情调的话，则可以去南京东路外滩口的和平饭店，这里绝对是老上海的浪漫情怀。

豫园和城隍庙
上海最古老的地方

微印象

@湘楚人士 豫园就像是江南的投影，走进园内就像被历史遗留下来的产物所笼罩，朦胧又清晰，若隐若现，美得无法形容，唯独只有感悟！

@啊贵哥 豫园内充满了园林艺术，闹中取静，听着那吴侬软语，可以让人慢慢体会上海的历史。

@地球庄客 城隍庙是上海一个不得不去的地方，视觉与味觉都会得到享受。

门票和开放时间
门票：豫园旺季40元，淡季30元；城隍庙10元。
开放时间：9:00~16:30（16:20停止入园）。

最佳旅游时间
以春节和春季时最佳，春节时可以赶上城隍庙的民俗庙会，春季时可以观赏到万花盛开的美景。

进入景区交通
位置：黄浦区福佑路168号。
交通：乘坐地铁10号线在豫园站下车即到。

景点星级
美丽★★★★★　人文★★★★★　浪漫★★★★　特色★★★★　休闲★★★★　刺激★★★

苏州河南岸

豫园是永乐年间上海人潘允端在四川任布政使发了迹，为了"愉悦老亲"修造的一个花园。清乾隆四十九年（1784年），豫园卖给了城隍庙，改为它的"西园"，园中最有情趣的当属湖心亭和九曲桥。如今城隍庙与豫园已然融为一体，成了上海的地标。

1 豫园

豫园为"全国四大文化市场"之一，与北京潘家园、琉璃厂以及南京夫子庙齐名。它是老城厢仅存的明代园林，园内楼阁参差，山石峥嵘，湖光潋滟，素有"奇秀甲江南"之誉。

进入园子南门，曲桥流水、垂柳依依，玉玲珑是其精华，灰色的石头玲珑剔透，周身多孔，据说在石头内部放一点儿香，烟雾会从各个孔中出来。玉玲珑后面的玉华楼是典型的文人书房，陈列着明代紫檀画案和各式家具。过得月楼，有一泓池水，池内芙蓉亭亭，对岸九狮轩临池而立。过小桥穿过会景楼到点春堂，进厅堂可看到雕刻着戏曲人物的门窗。此外，园内还有戏台、鱼乐榭、仰山堂、三穗堂等景点。

攻略

1.现在所说的豫园通常包括了进入豫园的几条热闹的街道及豫园的九曲桥、湖心亭等。

2.豫园内汇集了上海最著名的小吃和具有地方特色的饭店。此外，商场内还有一个自助餐饮楼，叫作"小吃广场"，在这儿可以吃到全国各地的小吃，而且是现烧现卖的，价格很便宜。

亲子研学

豫园兴衰史

潘允端在《豫园记》中注明"廲曰'豫园'，取愉悦老亲意也"，足见潘允端建园目的是让父母在园中安度晚年。但因时日久拖，其父在园刚建成时便亡故，豫园便成了潘允端自己退隐享乐之所。

由于长期挥霍无度，加上造园耗资，以致潘家家业衰落，潘允端在世时，已靠卖田地、古董维持，潘允端死后，园林日益荒芜。

明末，潘氏豫园一度归通政司参议张肇林（潘允端孙婿）。清初，豫园几度易主，园址也被外姓分割。至清乾隆年间，豫园被卖给了城隍庙，改为其"西园"。

Follow Me 上海深度游

❷ 城隍庙

从豫园出来，回到熙攘的大街上，走几分钟就是城隍庙，"到上海不去城隍庙，等于没到过大上海"。可见老城隍庙在上海的地位和影响。

庙宇殿宇宏伟，翠瓦朱檐，包括霍光殿、元辰殿、财神殿、慈航殿、城隍殿、娘娘殿、父母殿、关圣殿、文昌殿9个殿堂，总面积约2000平方米。

走进大殿，里面供奉金山神主霍光大将军坐像。元辰殿是最具人气的地方之一，很多人都在这里找自己的太岁身，拜求吉祥。再往里走便是财神殿，往庙宇深处走，最后是城隍殿，里面设置着明代县衙公堂陈设。

城隍庙出来沿着方浜中路往东走，过四牌楼便到上海老街。老街分东西两端，以馆驿街为界。东段的建筑保留了清末民初的民居特色，花格窗、排门板、范氏栏杆、落地摇杆门等，再配以屋顶上的飞檐翘角，花边滴水和马头墙，很有味道。

小贴士

城隍庙的夜景也很美，有时间可以过来看看。拍摄城隍庙夜景时最简单的方法就是将照相机的设置调至夜景模式，然后再打开闪光灯，适当加大光圈，延长曝光时间，当然有三脚架和快门线是最好不过。

攻略

1.豫园城隍庙大型节庆活动内容很丰富，有新年民俗灯会、春季民俗庙会、秋季民俗风情展演会，还有豫园美食节、丝绸节、人参节、茶文化节、酒文化节、扇文化节、书画艺术节、民间艺人节、旅游食品节等。

2.春季庙会在豫园有着古老的传统，不仅各种小吃摊、百货摊、杂耍摊云集，更形成了以九曲桥为中心的庙会市场，每年还会在豫园城隍庙旅游区举办赏菊啖蟹节。

苏州河南岸 I

点赞

👍 @秀姐2009 如果有机会去上海的话，应该去城隍庙逛一逛，因为那里保持着中国古老的城镇街市风貌，你会有一些意外的收获。

👍 @太好玩客 城隍庙就像一个不错的庙会，更如一个热闹的集市，一个很让人开心的地方。到这里，你不会觉得寂寞，一个人去时，也不会感觉孤单。

豫园周边示意图

- 古城公园
- 豫园公园
- 沉香阁
- 亚一金店
- 上海老饭店
- 豫园 ①
- 豫园百货
- 童涵春堂
- 老庙黄金
- 悦宾楼
- 南翔馒头
- 老庙食品
- 湖心亭
- 藏书楼
- 春风松月楼
- 礼品商厦
- 德兴汤馆
- 五香豆商店
- 宁波汤团馆
- 天津麻花店
- 城隍庙 ②
- 国际购物中心
- 和丰楼
- 梨膏糖商店
- 凝晖阁
- 中心广场
- 豫园时尚街
- 天裕百货
- 华宝楼
- 旧校场路
- 豫园新路
- 粮厅路
- 凝晖路
- 方浜中路

Follow Me 上海深度游
攻略

住宿　驴友力荐的住宿地

豫园和城隍庙一带有许多价格不一的宾馆可供选择，住宿方便且安全，因其为国际大都市，价格相对高些。也可以在距离景区5分钟脚程的老街附近住宿。如上海豫园万丽酒店（地址：黄浦区河南南路159号）、全季酒店（地址：河南南路33号）、桔子水晶酒店（地址：人民路399号）、上海外滩豫园美居酒店（地址：复兴东路789号）。

美食　饕餮一族新发现

在老城隍庙内，汇集了众多的上海地方小吃，绿波廊的特色点心、松月楼的素菜包、桂花厅的鸽蛋圆子、松云楼的八宝饭，还有南翔小笼包和酒酿圆子，真可称得上是小吃王国。

蟹壳黄： 因其形圆色黄似蟹壳而得名。此饼味美咸甜适口，皮酥香脆，口味有咸、甜两种。该品以上海吴苑饼家制作的为最佳。

排骨年糕： 是上海一种经济实惠、独具风味的小吃，已有50多年历史。上海市的曙光饮食店的"小常州"排骨年糕和老字号"鲜得来"做的排骨年糕最具特色。

鸡肉生煎馒头： 该品形态饱满，上半部有黄澄澄的芝麻和碧绿的葱花，松软适口；下半部则酥脆可口，馅重汁多，越吃越香。此小吃以上海市王家沙点心店制作的最佳。

糟田螺： 成品呈褐灰色，肉质鲜嫩，汁卤醇厚，入口鲜美，此美食是上海五味斋点心店和老字号"鲜得来"的著名特色风味小吃。

南翔小笼包： 素以皮薄、馅多、卤重、味鲜而闻名。南翔小笼馒头的馅心还可以随季节变化而变化，初夏加虾仁，秋季加蟹肉、蟹黄、蟹油。豫园商场内的南翔馒头是豫园商场有名的风味小吃之一。

开洋葱油面： 成品观之色泽鲜艳，食之润滑爽口，虾味鲜香，葱香扑鼻，营养丰富。

素菜包： 是豫园商场内春风松月楼素菜馆的特色小吃。包子皮白松软，馅心则绿中生翠，鲜艳悦目，食之味美爽口，多吃不腻，百吃不厌。

油氽馒头： 上海的百年老店沈大成点心店的特色风味小吃。其形状小巧玲珑，皮呈金黄，色泽美观，入口松脆，肉馅鲜嫩，一咬汤汁四溢，肥而不腻。

擂沙圆： 上海乔家栅点心店的风味名点之一。这种汤团有色有香，热吃有浓郁的赤豆香味，而且软糯爽口，携带方便。

上海新天地
传统文化与西方文化的完美结合

微印象

@michelless 新天地很有异域的风格，吸引了很多外国游客，晚上在这里和朋友吃吃喝喝，感觉挺不错的。

@Gk1jz7 上午在新天地找一家咖啡馆或者甜品店，赶上个好天气坐在室外看那斑斓的建筑和穿梭的人流，享受着浓郁的上海生活气息。

@rencheung 这里晚上气氛真的很棒，约上三五知己在此谈天说地可算一乐事，虽然消费稍高，但人生几回，值得体味一下优雅闲适的生活。

门票和开放时间
门票：免费。
开放时间：全天开放。

进入景区交通
位置：上海市黄浦区，淮海中路南侧、黄陂南路和马当路之间，毗邻黄陂南路地铁站和南北、东西高架路的交会点。
交通：乘坐10、13号线在一大会址·新天地站下车步行即可到达。

景点星级
美丽★★★★★　休闲★★★★★　浪漫★★★★★　刺激★★★★　特色★★★★　人文★★★

Follow Me 上海深度游

上海新天地是一个有些奇怪的地方，如果你转过这座城市，总会在不经意间经过新天地这块不大的都市商业地标。

新天地的外表是一群石库门建造而成的上海早期建筑物，当年的砖墙，当年的瓦，保留着老上海的历史风情和文化底蕴；而新天地的里面则弥漫着浪漫的风情。每当夜幕降临在上海新天地，动感的节奏和夜光杯，让人不得不爱上上海这座城市，细细品味着上海的悠久文化底蕴。

解说

位于25号楼的屋里厢（石库门民居陈列馆）是新天地中的一个开放空间，它复原了这片石库门居民区的旧貌，成了一个有趣的展览空间。

一般来说上海新天地可以分为南里和北里两个部分：南里以现代建筑为主，石库门旧建筑为辅，现已建成了一座总面积达25000平方米的购物、娱乐、休闲中心；北里地块则以保留石库门旧建筑为主，并结合了现代化的建筑、装潢和设备，化身成多家高级消费场所及餐厅。门外是石库门弄堂，门里是完全的现代化生活方式，就这样，一步之遥，恍若隔世，真有穿越时空之感。

小贴士

上海新天地内消费较高，比较实惠的消费大概就是饮料了，因为价格相对食物而言便宜很多。另外，也可点一些小甜品配着吃。

攻略

1. 南里和北里的"分水岭"是兴业路，沿街的石库门建筑很有历史文化与艺术气息，喜欢怀旧的朋友可以参观一下。

2. 上海新天地酒吧街是欧式风情酒吧群，海派风格浓郁，傍晚时分，这里更是弥漫着浪漫的欧式风情，露天的酒吧、咖啡吧最受年轻一族的欢迎，如果喜欢热闹可以前往一游。

新天地旁边还开辟了太平桥公园绿地和人工湖，园内种植高大乔木，兴建低坡景观，提供休憩空间。园中心建有人工湖，湖的中央有大型喷泉，湖泊东西两端点缀着两个小岛，分别为玉兰岛和合欢岛。绿地北侧新辟一条长约1200米的湖滨路，沿人工湖划出了一条优美的曲线，与湖西新天地广场的石库门海派建筑连成一体，成为市中心一处独特的新景观。

点赞

👍 @sinkysy 上海新天地是一个中西合璧、新老结合的综合体，外观看起来是古老而陈旧的石库门建筑，内在却是一个充满活力和激情的场所，是年轻人的聚集地，不论来自哪儿，大家都能很好地在一起狂欢，这样的矛盾结合体实在是令人赞叹！

👍 @绯村冷羽 不愧被称为新天地，给人焕然一新的感觉，尤其是夜晚时分，这里灯光璀璨，流光溢彩，石库门的老建筑与西洋风相结合的酒吧天地，点起蜡烛更是浪漫。

苏州河南岸 |

攻略

住宿 驴友力荐的住宿地

上海新天地位于上海市中心,酒店宾馆自然少不了,住宿相当方便。

上海新天地朗廷酒店:酒店坐落于新天地的入口,紧邻淮海路商业和购物区。酒店有357间瑰丽客房及套房,另外还有新天地宴会厅。地址:黄浦区马当路99号。

上海淮海路新天地雅诗阁酒店:酒店毗邻人民广场、新天地等上海地标,每一间公寓均配有设备齐全的厨房,用餐区域与起居室分开,更有家的感觉。地址:黄浦区淮海中路282号(近嵩山路)。

美食 饕餮一族新发现

上海新天地除了美景之外,当然少不了各式各样的美食:经典本帮菜的浓油赤酱让人品尝到地道十足的上海味道。

GREEN & SAFE:位于新天地,是一家比较小资的餐厅,牛排、绿巨人、黑松露咸筒等都是他们家的推荐热门菜。

TUK土耳其餐厅:黄浦区淮海中路,这算是在上海性价比较高的餐厅,这里面的烤羊肉备受好评,咸酸奶和冰激凌都是他们家的拿手之作。

El Luchador:他们家主打墨西哥菜,环境优雅舒适,菜品精致,热门推荐菜有牛肉芝士饼、澳洲牛肉卷,再点上一杯玛格丽特,还是比较完美的。

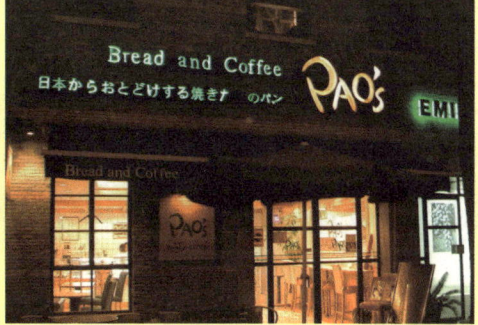

娱乐 城市魅力深体验

新天地临近马当路,有很多店铺适合购物,一直以创新、引领时尚为理念。在新天地上有一条走廊很适合拍照,可以拍出一种魔幻大片的感觉。

徐家汇
上海"中关村"

微印象 @我爱travel 徐家汇非常有人气，娱乐设施非常齐全，这里还有两个环境清幽的公园，值得一去。

门票和开放时间
门票：免费，游客可在景区游客中心处免费领取"徐家汇景区旅游联票"，凭票至各参观点免费参观，或通过景区官方网站、手机客户端、电话等途径，选择不同日期和线路进行预约参观。
开放时间：全天开放。

进入景区交通
位置：上海中心城区的西南部，东起宛平路，西至宜山路，北起广元路，南至零陵路。
交通：乘坐地铁1、9、11号线在徐家汇站下车可到。

景点星级
休闲★★★★★　美丽★★★★　浪漫★★★★　人文★★★★　刺激★★★　特色★★★

苏州河南岸

徐家汇是上海四大城市副中心之一，占地面积约4.04平方千米。区域内的电脑市场分布十分密集，商品十分丰富，因此徐家汇也成了上海市民购买电脑、数码产品的地区之一。

徐家汇商城购物广场密集，有以港汇广场、东方商厦为代表的世界名品汇集的大型购物商场和以太平洋百货、汇金百货为主的年轻人喜爱的流行时尚风格的购物中心，还有中老年顾客喜爱的六百实业公司等中档购物百货，以及汇联商厦和地铁购物街等廉价、特色商业设施。

此外，区内还有徐家汇天主教堂、徐家汇观象台、徐家汇藏书楼、徐汇公学等历史建筑，再加上两处宜人的公园，使这里成了上海最受欢迎的地方之一。

1 徐家汇天主教堂

位于徐汇区蒲西路158号的徐家汇天主教堂始建于清光绪二十二年（1896年），法国中世纪样式，大堂顶部两侧是哥特式钟楼和尖顶，高50米。大堂内圣母抱小耶稣像是1919年由巴黎制成后运抵上海的。

徐家汇天主教堂可同时容纳3000多人，堂侧有天主教上海教区主教府、修女院。

攻略

参观者须穿着得体，原则上要求"上不露肩、下不露膝"，穿拖鞋、短裤者谢绝入内。

Follow Me 上海深度游

❷ 徐家汇藏书楼

徐家汇藏书楼位于漕溪北路80号，全称上海徐家汇天主堂藏书楼，又称汇堂石室，创建于清道光二十七年（1847年），是上海现存最早的近代图书馆，也是我国西学东渐和东学西传的缩影。

现存徐家汇藏书楼为南北交错的两幢建筑。北楼，即大书房，建于清光绪二十三年（1897年），为两层双坡顶，上层为西文书库，布局和藏书拍架为梵蒂冈图书馆式样；其下层原为中文书库，仿照明代宁波天一阁风格。南楼，原耶稣会住院，即神甫楼，建于清同治六年（1867年），几经改建，于1931年固定为4层坡顶，外廊式建筑。

小贴士

徐家汇藏书楼每周六14:00～16:00各有80个人的名额可免费参观陈列馆、阅览室和藏经楼，为了保证藏经楼的环境不受影响，每次参观只能进入10人，参观15分钟。

❸ 徐家汇公园

徐家汇公园位于徐家汇广场东侧，公园内除了茂密的大乔木、各类花灌木、地被植物外，还引进了一些特色绿化景观，有挺拔茂密的竹林、四季常青的松林，有展示热带风情的海枣和椰子，也有季节性明显的栾树林，沿湖还有芬芳的桃李和摇摆的垂柳，绿化品种丰富。

攻略

公园有三大看点：一是耸立在原大中华橡胶厂的那根烟囱，其光纤扮靓整个夜空；二是整个公园的设计，就像一个上海的"缩影"；三是观景桥，跨越这座长约200米的桥犹如穿越"时光隧道"，上海的昨天、今天、明天就会不断地展现在你的眼前。

苏州河南岸

4 光启公园

　　光启公园坐北朝南，北面为徐家汇天主教堂。该园原是明末著名爱国科学家徐光启的墓地，始建于明崇祯十四年（1641年），园北为墓区，东部为游憩区，西部为青少年活动区，内有徐光启墓、徐光启像、徐光启手迹碑廊、伞亭群、荷花池、水榭等景观。全园曲径回绕，树木葱郁，鱼戏荷池，园容整洁，环境清静；园四周遍植水杉、夹竹桃、女贞、黑松等抗性强的常绿乔木，并根据季节变化，适时更换时令花卉。

亲子研学

徐家汇名字的起源

　　徐家汇的形成可上溯至明代。晚明文渊阁大学士、著名科学家徐光启曾在此建农庄别业，从事农业实验并著书立说，逝世后即安葬于此，其后裔在此繁衍生息，初名"徐家库"，后渐成集镇。因地处为肇嘉浜与法华泾两水汇合处，故得名徐家汇。

攻略

　　徐家汇的中心区域坐落着两家五星级影院——永华电影城及柯达电影世界，其中，永华电影城拥有三维电影播放能力。除了影院外，徐家汇还有包括汤姆熊在内的两家游艺场所，逛街累了可前往放松一下。

5 武康路

　　武康路全长约1183米，宽12米到16米，大致为南北走向，原名福开森路，由上海法租界公董局修筑于1907年。梧桐婆娑的武康路上，名人故居"密度"较高，因此被誉为"浓缩了上海近代百年历史"的"名人路"。西班牙式、法国文艺复兴式等风格的建筑极富特色，是上海中心城区最具欧陆风情的街区之一。

　　武康路上有许多著名的名人住宅，而武康大楼、正广和老屋、密丹公寓、开普敦公寓等，则是充满异国情调的精致建筑。名人住宅和西洋风格建筑一起，交织出武康路精致典雅的风景。

059

Follow Me 上海深度游

攻略

景区交通　游遍景区不犯愁

1.步行： 在徐汇公学旧址、藏书楼、天主堂、观象台之间建立有特色的游步道串连了区内的文物古迹，可以漫步游览。

2.巴士： 在华山路东侧（广元里地块）的旅游巴士停车场有两处巴士停车点，可以免费乘坐巴士游览景区。

住宿　驴友力荐的住宿地

徐家汇附近有许多经济型的连锁酒店，豪华酒店也不在少数，住宿非常方便。

上海衡山花园酒店： 位于衡山路516号，由贵宾楼和行政楼两部分组成。贵宾楼始建于20世纪30年代，为上海市优秀历史建筑和市级文物保护单位，亦是具有文化特色的地标性酒店。行政楼高22层，拥有多间设备齐全的客房，并配有4间餐厅和酒吧，以及1间衡山饼店。酒店拥有一处面积近一万平方米的景观花园。

唯庭酒店： 位于上海最繁华的区域，是一家时尚智能化的酒店，店内干净舒适，服务热情。地址：徐汇区文定路218号。

苏州河南岸

美豪丽致酒店：酒店紧邻徐家汇公园，绿树成荫，闹中取静。酒店内部配有中餐厅、西餐厅、咖啡吧、书吧，让您在繁忙之余，可享受一片素雅和宁静。地址：建国西路691号。

美食 饕餮一族新发现

在徐家汇逛街，最不愁的就是吃饭，那里的美食可谓包罗万象、海纳百川，从便宜的快餐到精致的西餐，从泰国菜到中式菜，用"遍地都是吃饭的地方"来形容它，绝对不为过。

一抹椒羞：位于天平路290号，建筑十分有情调，他们家的兔腿是强烈推荐的，菜的味道偏辣。

牛New寿喜烧：位于天钥桥路123号，是一家有名的日式火锅店，想去这家店吃的话，需要提前预订，每到中午的时候这里坐满了人。

苏小柳点心专门店：位于位于TWO ITC二期一层，这里的小笼包味道还不错，每道菜精致且不失典雅，店内环境十分舒适。

左庭右院鲜牛肉火锅：位于肇家浜路TPY中心五层，有一整层，规模大，菜品好，服务热情，经常要排队。

汇联小吃一条街：这条小吃街在天钥桥路上，是汇联商厦一楼的一片门面小吃摊，从天桥上远远看去熙熙攘攘，非常热闹。这里的烤串和熟食摊生意非常火爆，其中最受欢迎的就是章鱼小丸子和山林红肠。

鲁迅纪念馆

第 2 章
苏州河北岸

黄浦江夜游
多伦路
上海马戏城
四川北路及周边

黄浦江夜游
七彩绸缎式的梦幻美景

微印象

@神乎奇迹的大海 一路既有繁华都市的风情，又有最淳朴的旧上海风情，大上海的夜景果然名不虚传，值得一游！

@jessica 黄浦江两岸古典与现代建筑风格交相辉映，坐在船上静静欣赏黄浦江的夜景，很美，有机会再来。

@keikey 夜晚华灯初上，浦东浦西两岸相隔百年、各不相同的建筑同时映入眼帘，视觉冲击力还是挺大的。在船上吹着海风，感受一下这种氛围也是一种享受。

门票和开放时间
门票：船票150元/人。
开放时间：18:00~21:30，每15分钟一班。

进入景区交通
位置：黄浦区中山东二路501号B1层黄浦江游览票务中心2号窗口（近新开河路、松鹤楼旁）。
交通：乘坐地铁10号线至豫园站下车1号出口出站即可到虹桥机场—码头。

景点星级
美丽★★★★★　浪漫★★★★★　特色★★★★　休闲★★★★　刺激★★★　人文★★★

苏州河北岸

水,有灵气有财气。水,孕育着蓬勃的生机。黄浦江,城市的母亲河,上海的黄金水道。晚上乘船游览黄浦江,从大达码头起航往北,浦西举世知名的外滩万国建筑群、浦东矗立于云霄之端的陆家嘴金融中心,逐渐映入眼帘。入夜,两岸灯火辉煌,繁华城市的古典与现代建筑风格,交相辉映,相得益彰,缤纷多姿,尽显江岸美景。放眼远眺,建筑是凝固的美,江水是流动的美;两岸喧闹是繁华的美,江中宁静是淡雅的美。上海的黄浦江,处处都能享受到美的存在。

游览过程中可看到横跨浦江两岸的杨浦大桥、南浦大桥和上海东方明珠广播电视塔。两座大桥,像两条巨龙横卧于黄浦江上,中间是东方明珠电视塔,正好构成了一幅"二龙戏珠"的巨幅画卷,而浦江西岸一幢幢风格迥异充满浓郁异国色彩的万国建筑与浦江东岸一幢幢拔地而起高耸云间的现代建筑相映生辉,令人目不暇接。

小贴士

1. 在国内一些正规的票务网上购票,比现场购票便宜一些。晚上海风比较大,在甲板上坐着时建议多穿些衣服。

2. 票价一般不含食物和水,最好自己带些零食和饮用水。

专题 部分邮轮介绍

1. **强生号**:是现代小型游船,十分适合公司团建。强生号一般载客量在120人左右,游船内部提供自助餐。该船的外观是白色,给人一种干净整洁的感觉。

2. **蓝黛公主号**:游船在2010年6月开始运行,船体两边是通透的玻璃,船内的装修和家具在灯光掩映下呈现出一种豪华、尊雅的气质,游船独具匠心的设计及豪华舒适的内部环境为休闲娱乐提供了一个十分高级、理想的场所。

3. **中国太平号**:是世博会指定专用游船之一,曾经接待过各国领导人。船体共3层,1、2层为舱室,3层为阳光甲板。全船的外形构思奇特、风格别致,内部装修豪华,使它有"水上五星级"的美誉。

4. **玛丽号**:小型游船,分上下两层,游船采用了纯电力系统、新动力源等节能系统,可以满足中短途观光,是举行小型接待的最佳场所。

Follow Me 上海深度游
攻略

美食 — 饕餮一族新发现

美丽的黄浦江畔是上海的一道风景线，这样的风景胜地当然离不开美食的装扮。

Jean Georges：餐厅里满是温馨和浪漫的气氛，靠窗的位子可以看到黄浦江的风景。这里主营法国菜，每一道菜都像一件艺术品，推荐这里的鹅肝、鱼子酱。地址：黄浦区中山东一路3号外滩3号4楼。

新津记·台州海鲜·夜宵食档：一家宝藏宵夜小龙虾餐厅，性价比超高，服务热情。清真小龙虾肉质鲜美，青蟹炒年糕软糯可口。地址：黄浦区广东路43号。

三号黄浦会Canton Table：餐厅装潢古朴雅致，与周围的万国建筑群遥相呼应。出品的本帮菜加上了创意，无论上菜顺序还是摆盘都颇为西化。推荐老上海熏鱼、葱烤银鳕鱼、芥末酱炸虾球。地址：黄浦区中山东一路3号外滩3号5楼。

行程推荐 — 智慧旅行赛导游

黄浦江精品游航次：大达码头或十六铺开出—调头—浦东陆家嘴—3号调头区调头—国际游轮码头—苏州河口—外滩—大达码头或十六铺。

游览过程中可以看到横跨浦江两岸的杨浦大桥、南浦大桥和上海东方明珠广播电视塔。

多伦路
左翼作家联盟诞生地

微印象

@老板来碗鱼丸面 很有文化气息的地方,里面的建筑十分有味道,非常幽静的一条街,有很多复古的小东西,周末有空的时候可以来这边逛逛。

@华贵妃 一个有历史有文化有内涵的地方,这里有一种复古的韵味,无处不散发着文化气息,对于摄影爱好者来说是块宝地。

@雨儿滴滴 要说上海最有特色的地方之一,这条街绝对是名副其实的。很多复古的东西都可以在这里一饱眼福,悠闲地漫步在这条街上,享受着浓浓的文化气息,有种想让人逃离繁华城市喧哗的感觉。

门票和开放时间
门票:免费。
开放时间:全天开放。

进入景区交通
位置:上海市虹口区。
交通:乘坐地铁3号线在东宝兴路站下,步行可达。

景点星级
美丽★★★★★　休闲★★★★★　人文★★★★★　浪漫★★★★　特色★★★★　刺激★★★

Follow Me 上海深度游

"一条多伦路，百年上海滩"。多伦路，原名窦乐安路，是上海的一条小街。多伦路是一条L形的小路，前后都连接在四川北路上，全长也不过500多米，而这条并不起眼的小街却在中国近代文化史上写下了浓重的一笔。20世纪二三十年代，这里是左翼作家联盟的大本营，现在还保留着左联会址和纪念馆，而许多左翼作家及当时的一些社会名流的故居也多在这条街上，如鲁迅、茅盾、郭沫若、叶圣陶等，他们的文学活动奠定了多伦路的文化地位。

除了名人故居遗址外，多伦路上还有许多小型私人收藏博物馆，包括"筷子博物馆"（多伦路191号）、目前亚洲最大的一家古钱币展览馆（四川北路203弄35号原汤公馆）、南京钟博物馆（多伦路193号）、文风奇石藏馆（多伦路189号）等，其他的私人收藏馆还有藏书票馆、集报馆、古陶瓷收藏馆等，而给这些店铺的牌匾题名的几乎都是文化名人。

攻略

1.多伦路街边的名人铜像、古玩小店、纪念馆和美术馆值得一看。最有趣的是，有一家纹枰坊，供人下围棋，10元/天，且奉茶水。

2.位于多伦路119号的拾钟楼内的机器人具有电脑语音系统功能，能说话、会唱歌，编入电脑语音系统程序后还可以准确报时，并能简略地介绍本地区近代历史演变的大事典故，非常有趣。

进入多伦路，首先进入眼帘的是建于1924年的250号"孔公馆"。这座建筑具有伊斯兰风格的券柱形式与阿拉伯纹案雕刻、彩色贴面组合的单元式构图成为它最显著的特征。

多伦路201弄2号就是中国左翼作家联盟旧址，深藏在一条弄堂里。这幢3层楼的小洋房当时是陈望道等创办的中华艺术大学，1930年3月2日，中国左翼作家联盟在此召开成立大会。在楼上的"左联"展览馆里可以发现，"左联"的成立使得中国现代文学在五四新文化运动之后进入了一个新的发展阶段，培养出大批文学青年投身革命之中。阿英的《夜航集》、茅盾的《子夜》、鲁迅作序的《丰

苏州河北岸

收》……从1930年到1936年这几年的时间，480多个盟员、上百部作品，显示出了"左联"在中国文学史和中国革命史上的分量。

亲子研学

博物馆一览

奇石馆的馆主陈周夫妇自1949年开始与石结缘，到现在共收藏了上万种奇石，共有100多个石种，其中雨花（水）石、灵璧（陨）石、江河（卵）石及各种象形石尤为突出。

藏筷馆是我国独一无二的民俗藏筷馆，现收藏有古今中外各式筷著980多种，总数1600多双，值得一看。

藏钟馆（馆主刘国鼎）位于多伦路193号，专门收藏南京古钟，目前已收藏南京钟70余种，可以前往开一下眼界。

攻略

金泉古钱币博物馆，馆内收集了上万枚钱币，其中珍藏品有青铜铸币"保德铜贝""金代小额铜钞版"，还有创中国古钱币拍卖天价、耗资27.5万元购回的"咸丰通宝·大清壹百"铜钱，对古币感兴趣的人可以前往一看。

Follow Me 上海深度游

攻略

街内有家"老电影咖啡馆",门口张贴着泛黄的老上海旧电影海报,里面收藏了100多部老电影,甚至包括早期的电影默片。店里的背投式电视不间断地播放着从无声时代到20世纪三四十年代国内、国外的经典影片。当日的电影安排在门口的小黑板就能看到。

点赞

👍 @danb0N 一走进多伦路就觉得好安静好有文化气息,里面的小店经营古董、家具,也有很多人来这边淘宝,要是你有慧眼的话说不定还真可以选到好东西呢!

👍 @小蟑螂scut 上海最吸引我的不是外滩、城隍庙这样尽人皆知的著名景点,反倒是这条不显眼的小街,虽然躲在繁华大上海某个不起眼的地方,却掩饰不住自身散发出来的独特魅力。

攻 略

美食 饕餮一族新发现

多伦路上有一些咖啡馆和几家精致的餐厅,可以坐在餐厅内,边吃美食边感受着浓烈的文化气息。

老电影咖啡馆:位于多伦路123号,是很有情调的一家咖啡馆,天天播放老电影,有种老上海的感觉。

公啡咖啡馆:这里是中国左翼作家联盟诞生的摇篮,鲁迅曾在《革命咖啡店》中提及此处,现在依然保留着原来的文化风情。

Darroch达洛克餐厅:地处多伦路名人街,是一家西餐厅,整体环境优雅,里面的战斧牛排和西冷牛排都值得品尝。

070

上海马戏城
中国马戏第一城

微印象

@simmralre 每次看到台上的杂技演员做出一些惊险的高难度动作，心里就会十分紧张，这大概就是马戏的魅力吧，让你把心提到嗓子眼儿来，然后又再次落下！

@piggy722 马戏城的房子造型很别致，总是很远就能注意到它。里面经常会有很多表演。

@krystal 马戏城是很特别的建筑，在阳光的照射下金光闪闪的，表演很精彩，看得人心惊胆战的，恐怕演员们要练习很久才能达到这种程度吧！

门票和开放时间

门票：欢乐马戏最低120元，时空之旅价格在380元~880元。可以在官网上直接买票，演出前半小时出示取票信息即可。

开放时间：售票时间9:00~19:30。

进入景区交通

位置：静安区共和新路2266号。

交通：乘坐地铁1号线在上海马戏城站下车。

景点星级

特色★★★★★　休闲★★★★★　刺激★★★★★　美丽★★★★　人文★★★★　浪漫★★★

Follow Me 上海深度游

上海马戏城有"中国马戏第一城"的美誉,其独特的建筑造型,金灿灿的穹形屋顶,是上海国际文化都市又一标志性建筑。马戏城由杂技场、排练辅助房、娱乐城、兽房、演员接待中心五大部分组成,其中杂技场共有1638个座位。场内配有先进的灯光设备和多声道、多重环绕音响,表演设有旋转舞台、复合升降舞台、镜框式舞台和吊杆,加上高空的3圈马道,能够同时在高空、半空和地面做立体化、大场面演出,既能供杂技、马戏大赛和表演用,还能为综合性音乐、歌舞演出提供良好的表演空间。

小贴士

现场买票的话有一点贵,可以提前在一些正规的售票网上订购,然后现场取票,比较划算。

一般在每周六、周日的14:00开始马戏演出,晚上会进行时空之旅的杂技表演,具体演出时间可咨询马戏团售票处工作人员或电话咨询。

点赞

@言垂 不可否认时空之旅很精彩,使古老的马戏杂技糅合现代的声光技术,使之交织出很梦幻的画面。

@KayRudolph 时空之旅非常精彩,感觉最难能可贵的是将中华五千年文化的底蕴和上海的特色很自然地融入杂技表演中,演员们相当专业,灯光、音乐、效果都是一流的,作为看惯杂技表演的中国人都觉得很棒,难怪外国人更是兴奋。

攻略

1. 演出结束后,可以在门口和表演艺人合影,但是要收费。
2. 国内外著名马戏、杂技节目会轮流在马戏城演出。另外,这里还能进行音乐、歌舞表演。城内还有文化展示、文化商场、娱乐、餐饮等服务项目。

苏州河北岸 |

上海马戏城以在世界上久负盛誉的上海杂技团为演出主体，其豪华的演员阵容，齐全的节目品种，高超的杂技技巧，优美的艺术意境，移植创新演出的杂技、马戏、魔术节目100多个，表演风格惊险优美，具有浓郁的海派杂技独特魅力，形成了上海马戏城的艺术优势和独特风格。

《欢乐马戏》是马戏团的重头戏，以系列小丑明星为线索，将动物表演有机串联，将丑星风趣、诙谐、幽默的个性形象表现得淋漓尽致。

集体马术节目与杂技表演有机相结合，从威武、惊险，到潇洒、优雅，马背艺术得到升华，使观众的心情从兴奋、紧张豁然进入轻松悠然的境地；狮虎是观众的老朋友，经过多年的舞台滚打，他们更显老练而成熟，一连串动作的完成，显得悠然自得；初登舞台的笨笨熊可以为观众示范健身体操、双杠、吊环、障碍跳跃；全新装束的明星群狗，更显可爱、活泼和机灵；恋人海狮双双登场，默契配合，技艺徒增。

解说

狮虎表演《狮吼虎啸》是目前国内独一无二的猛兽节目，4只老虎和2只狮子同台表演许多高难度动作。在最精彩的环节"狮虎越女郎"中，女演员端坐在高高的木桥上，狮虎们不停地从女演员的身上越过，非常惊心动魄，值得一看。

Follow Me 上海深度游

攻略

住宿 驴友力荐的住宿地

马戏城所在的共和新路上有多家酒店可供住宿,多为经济型酒店。

上海大宁福朋喜来登集团酒店:酒店距马戏城约400米,共有客房300多间,客房内配备现代家具家居、液晶平板电视及免费wi-Fi。地址:静安区共和新路1928号。

上海锦荣国际大酒店:酒店大厅华丽典雅,客房风格迥异、豪华雅致。酒店有音乐茶座、酒吧、桑拿健身等服务设施,此外还有提供中西餐的餐厅。地址:静安区共和新路2750号。

上海云海饭店:饭店拥有大床房、双标房、三人房、商务套房等房型近60间(套),还拥有约300平方米的足浴中心、网吧、棋牌室等娱乐设施。另外,饭店设有商务中心,餐厅提供各种别具风格的本帮菜肴。地址:静安区共和新路1943号。

美食 饕餮一族新发现

马戏城距离火车站较近,附近有许多餐厅饭馆可供选择。

新南华大酒店(广中店):距离上海马戏城地铁150米左右,特色菜推荐瑞士牛排、清炒河虾仁、老妈红烧肉、水晶鸡、脆皮叉烧、生煎包、糖醋排骨等。地址:共和新路2435-2437号。

新马茶餐厅:店面不大,需要提前预订,推荐招牌蛋黄虾、炒饭、蛤蜊。地址:静安区公兴路26号。

外婆家:招牌菜有干锅迷你土豆、雪花酸菜鱼、豉油虾。地址:闸北区西藏北路166号。

上海小南国:算得上有名的上海菜馆,口味正宗,比较受欢迎的有清炒野生河虾、清蒸鲫鱼王等。地址:共和新路1968号大宁国际商业广场8座3楼。

四川北路及周边
"重生"的上海老街

微印象

@减肥的小肉包 一条从我刚会走路逛到现在的马路，有很多店都历史悠久，旁边还有个公园，逛累了可以去公园内坐坐。

@Yoochan 距鲁迅公园、多伦路非常近，商业街的物品价格实惠，虽然整体档次比不上淮海路，但每次去反而都能买到称心如意的东西，所以对它的感情还是很深厚的。

@Joanna522 印象最深的是四川北路旁边有许多老洋房，还有很多大树，夏天走这条路感觉一点都不热。

门票和开放时间
门票：免费。开放时间：全天开放。

进入景区交通
位置：虹口区南部、中部偏西，南起四川路桥北堍北苏州路，中经横浜桥至东江湾路。
交通：乘坐地铁10号线在四川北路站下车步行可到。

景点星级
浪漫★★★★　休闲★★★★　美丽★★★　刺激★★★　特色★★★　人文★★★

Follow Me 上海深度游

小贴士

四川北路上有一片开放式绿地，即四川北路公园。公园集健身、观赏、娱乐休闲和商用于一体，园内有七大景区，流泉飞瀑，绿影婆娑，非常适合盛夏时在此乘凉。

四川北路全长约3700米，以武进路为界，南段和中、北段分属于乍浦路街道和四川北路街道。《上海风土杂记》中有这样的描述："北四川路跳舞场，中下等影戏院、粤菜馆、粤茶楼……美容院、按摩院甚多，星罗棋布，全上海除南京路、福州路以外，以北四川路为最繁盛，日夕车辆、行人拥挤。"可见四川北路的兴旺。现在，四川北路被认为是上海仅次于南京路和淮海路的第三大商业街。

苏州河是四川北路商业街南端的起点，鲁迅公园是四川北路商业街北端的终点，俞泾浦则横贯四川北路中段，四川北路公园和爱思儿童公园点缀其中。四川北路得天独厚的地理环境和生态优势是其他市级商业中心所没有也无法参照的，这里镌刻着城市历史的厚重印记和上海历经的陈年岁月。

❶ 南段

从苏州河至海宁路是整条四川北路的起点，又是北外滩的西端区域。这里古典建筑众多，昆山花园路的英式建筑、乍浦路餐饮一条街都颇具特色，除了沿街小店，21世纪运动城、上海春天百货商城、九州黄金是这里主要的商店。

② 中段

这里是四川北路最繁华、最热闹的区段，国际明佳城、嘉杰国际广场、凯润金城及玫瑰广场集聚，四川北路公园被开发为绿地提供休憩场地。这里同样也是四川北路商务氛围最浓的地方，在东宝兴路、四川北路已经形成了以福德商务中心、东宝百货、嘉杰国际广场和凯润金城为主的成熟的中小型商圈。

③ 北段

四川北路的北段是文化底蕴最浓厚的区段，多伦路、甜爱路、溧阳路、山阴路各具风情，人文古迹、园林、体育场馆、文化艺术集结于此。区域内的东泰休闲广场是目前四川北路最大的综合娱乐休闲广场之一，星巴克也成功入驻鲁迅公园附近，而方舟大厦也曾是四川北路知名的写字楼。

小贴士

该区段保持了甜爱路、溧阳路、山阴路原有的特色风情，以露天茶座、音乐咖啡厅、酒吧等特色休闲场所为主，是四川北路比较热闹的地方，吃住也方便一些。

④ 四行仓库抗战纪念馆

四行仓库建于1931年，是由旧上海的金城、中南、大陆、盐业四间银行共同出资建设的联合仓库，是一座钢筋混凝土结构的六层大厦。作为银行仓库，这里壁垒森严，墙高壁厚，十分坚固。在淞沪会战时期，这里曾驻扎许多爱国将士，他们英勇抵抗日军的进攻。抗战纪念馆的大门入口处保留了原四行仓库的铁门，斑斑锈迹，让人感受到历史的厚重。

2015年8月13日，在淞沪会战78周年纪念日之际，四行仓库抗战纪念馆落成开馆。通过图文展板、巨幅绘画等形式展示上海人民投身全民族抗战、共御外侮的历史事实，以及中外各界对"八百壮士"英雄事迹的颂扬和缅怀。

攻 略

美食 饕餮一族新发现

狼来了碳烤羊腿（四川北路店）：位于美食广场楼上，经济实惠。他们家主打烧烤，特色菜是碳烤羊腿，喜欢吃夜宵的朋友可以尝试一下。

平成屋·午肴夜酒（四川北路店）：位于民达大厦，是一家日式店，因电视剧《我的前半生》在这取景而爆红，像青花鱼、色拉虾仁等口味都挺不错的。

红礴西餐厅（溧阳路745路）：是一家性价比较高的西餐厅，靠近外马路，地理位置优越，菜品精致，牛排十分鲜嫩，香烤味十足。

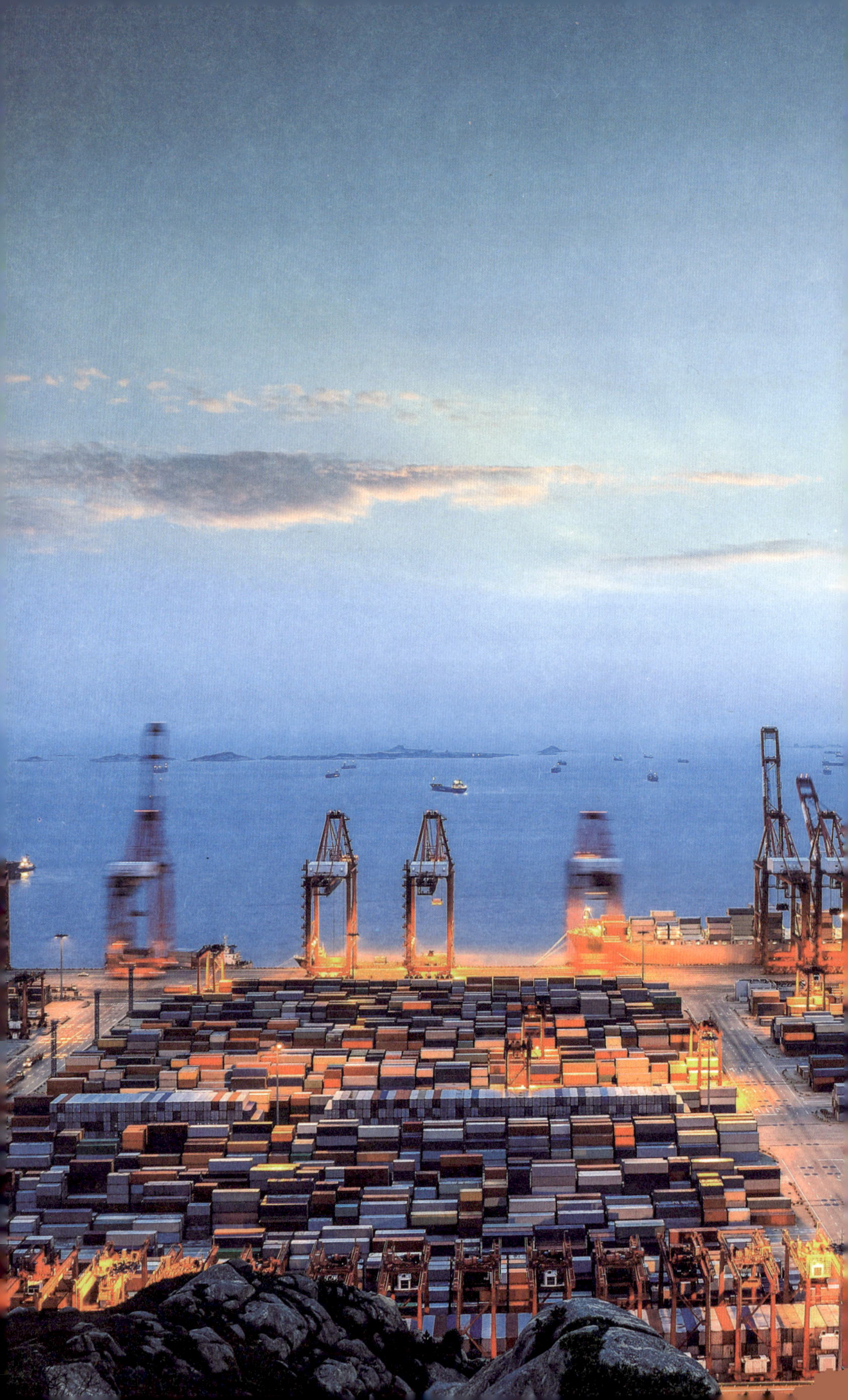

第 3 章
浦东

东方明珠
上海中心大厦
上海科技馆
世纪公园
世博园
上海鲜花港
上海迪士尼乐园
上海野生动物园
中国航海博物馆
上海天文馆

东方明珠
闪耀上海的"夜明珠"

微印象

@太好玩客 作为地方标志性建筑，可算实至名归。在空中旋转餐厅上，一览上海，十分壮观，夜景更为美丽。

@大大木头 东方明珠是上海的标志性建筑。站在外滩，望向对岸，以东方明珠为主体的浦东新区高楼群，展现的就是一幅现代都市的美丽画卷，到上海是一定要去看一看的。

@hi绿野仙踪 站在东方明珠上俯瞰上海，美景尽收眼底；在90米处的下球体内有太空游乐城，在那里可以玩很多游戏；零米大厅里有上海城市历史发展陈列馆；在里面昏暗的灯光下仿佛回到了20世纪的大上海，非常值得一看。

门票和开放时间
门票：套票（二球观光）199元，有多种套票可供选择，以实际窗口售卖为准。
开放时间：09:00~21:00（20:30停止取票）

进入景区交通
位置：浦东新区陆家嘴，毗邻黄浦江，与外滩隔江相望。
交通：乘坐地铁2号线在陆家嘴站下车，下车后再步行5分钟可到景区。

景点星级
美丽★★★★★　休闲★★★★★　刺激★★★★　浪漫★★★★　人文★★★★　特色★★★

浦　东

　　坐落在陆家嘴的东方明珠与外滩一江之隔，黄浦江在它身旁静静流过，不论多少人来来回回，它依旧矗立在那，见证着上海改革开放的步伐。

　　东方明珠广播电视塔，又名东方明珠塔，塔高467.9米，由3根直径9米的擎天立柱、太空舱、上球体、下球体、5个小球、塔座和广场组成，可载50人的双层电梯和7米/秒的高速电梯为目前国内所仅有，以及悬浮于立柱之间的世界首部360度全透明三轨观光电梯，让人们充分领略现代技术带来的无限风光。

　　设计者富于想象地将11个大小不一、高低错落的球体从蔚蓝的天空串联到绿色如茵的草地上，远处看宛如两颗红宝石的巨大球体，晶莹夺目，描绘了一幅"大珠小珠落玉盘"的如梦画卷。

攻略

1. 东方明珠塔有15个观光层，最高的观光层太空舱位于350米，低一点的有位于263米的主观光层和位于259米、90米的室外观光层。

2. 塔底有个科幻城，内有森林之旅、南极之旅、魔幻之旅、藏宝洞、迪尼剧场、欢乐广场、激光影院、动感影院、探险列车等项目，还有独一无二的"太空热气球"把人送上天空，尽览上海大都市美景。

3. 从电视塔大台阶步入塔内底层便见宏伟的大堂，从底层电梯大厅到直径为45米的中球，离地面263米，只需40秒钟。

4. 位于塔内的悬空观光廊被称为"凌霄步道"，游人可透过脚下的透明玻璃，俯瞰黄浦江两岸全景，感受在云中漫步的感觉。怕高的人最好在旁边的水泥地板上走。

　　位于塔内零米大厅的上海城市历史发展陈列馆是反映上海近代历史变迁的形象陈列，整个陈列馆由华亭溯源、城厢风貌、开埠掠影、十里洋场、海上追踪、建筑博览、车马春秋7个部分构成。参观陈列馆，就像是在穿越历史，走过一个时代，可让观众追寻海上旧梦、景仰现代史实，品味文化上海。

点赞

@暗和牛 游览完东方明珠后，强烈建议到上海城市历史发展陈列馆看一下，里面很大，氛围很好，还有蜡像，上海的历史变化在这里一览无遗，让人好像回到老上海一样。

081

Follow Me 上海深度游

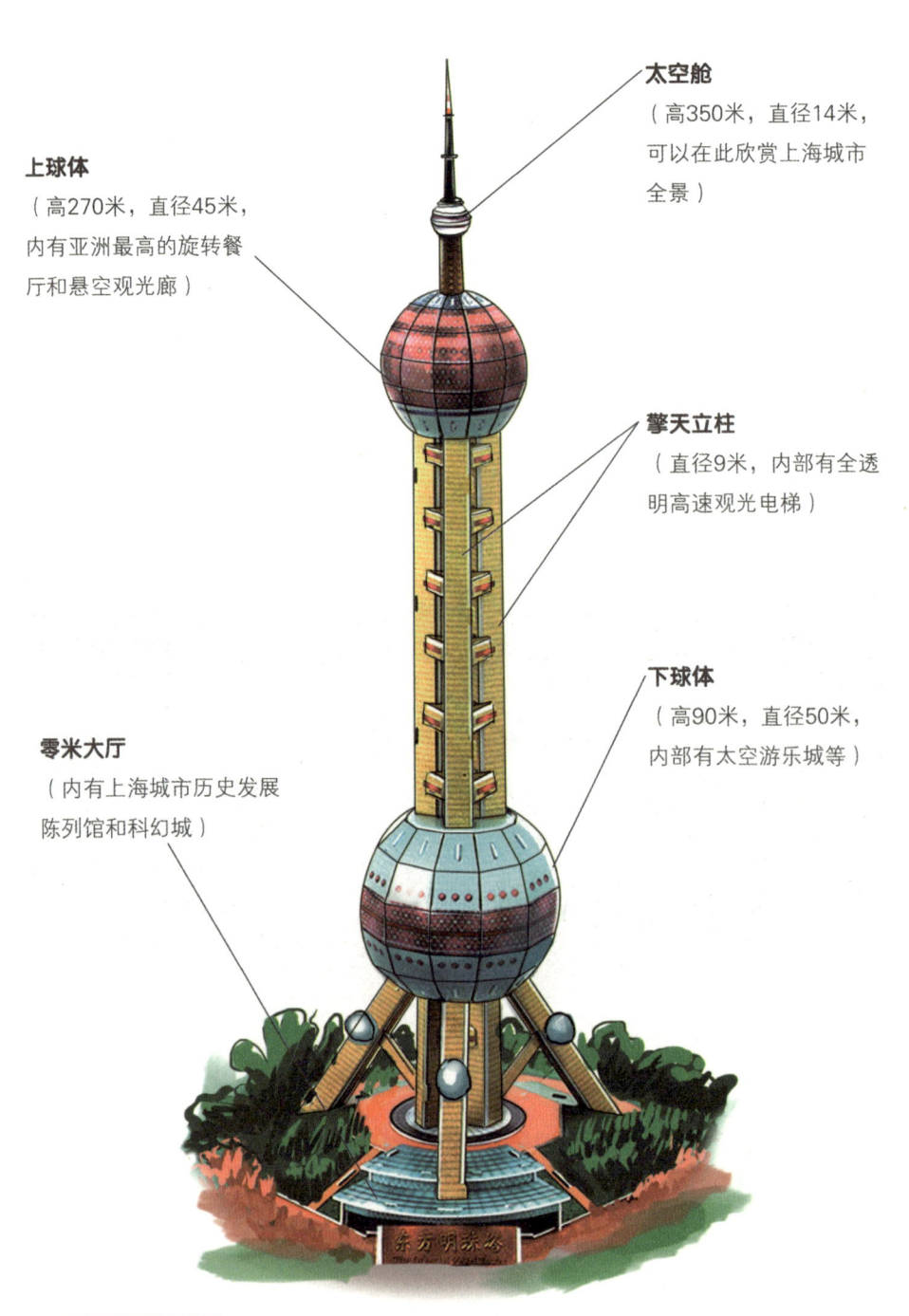

上球体
（高270米，直径45米，内有亚洲最高的旋转餐厅和悬空观光廊）

太空舱
（高350米，直径14米，可以在此欣赏上海城市全景）

擎天立柱
（直径9米，内部有全透明高速观光电梯）

下球体
（高90米，直径50米，内部有太空游乐城等）

零米大厅
（内有上海城市历史发展陈列馆和科幻城）

东方明珠塔示意图

浦 东|

塔内的空中旋转餐厅位于267米的上球体，是亚洲最高的旋转餐厅。在旋转餐厅可看上海全景，北望可见宝钢，东面是欣欣向荣的浦东，南部是一片田野风光，西南则可看到松江的九峰，西面则是上海市区全景。该塔灯光在电脑控制下，可以有1000多种变化，是上海黄浦江畔真正的"夜明珠"。

小贴士

如果想了解上海的历史文化，这个地方是必去的，里面的历史信息容量很大。如果准备拍很多照片最好多带几个充电宝，因为里面很黑，全部要用闪光灯，非常耗电。

攻略

东方明珠游船码头位于东方明珠塔前陆家嘴滨江花园内，可在此乘船欣赏黄浦江夜景。东方明珠号游船有3层高，可容纳400多人，目前仅在周末开放。到了晚上，乘客可倚窗欣赏浦江两岸迷人的夜景，还可以欣赏菲律宾乐队的现场演奏。

攻略

住宿　驴友力荐的住宿地

东方明珠是上海主要的酒店聚集区，有丽思卡尔顿酒店（地址：世纪大道8号上海国际金融中心）、锦江之星（东方明珠店）（地址：浦东新区东方路296号）、如家商旅酒店（地址：浦东新区昌邑路569号）等。

美食　饕餮一族新发现

东方明珠的旋转餐厅是亚洲最高的旋转餐厅，白天夜晚风情各异，尤其入夜时分，浦江两岸的灯光次第亮起，流光溢彩令人沉醉。菜式是自助餐，以西式为主，推荐法式蜗牛、抹茶蛋糕、芝士蛋糕、三文鱼、俄罗斯浓汤等。

083

上海中心大厦
中国第一高楼

微印象

薄荷糖：乘坐电梯直达118层观光层，速度超级快，恰巧碰上好天气，雨过天晴，从大厦往下眺望，整个上海干净如洗。这里还有一些纪念品店和体验店，带上VR眼镜，像是走在半空中，有摇摇欲坠的感觉。

门票和开放时间
门票：118层+119层+B1展厅180元。
开放时间：08:30~22:00（21:30停止取票）。

进入景区交通
位置：浦东新区陆家嘴银城中路。
交通：乘坐地铁2号线在陆家嘴站下，步行可达。

景点星级
刺激★★★★★　浪漫★★★★★　美丽★★★★　休闲★★★★　特色★★★　人文★★

浦 东I

上海中心大厦是一座超高层地标式摩天大楼,其高度超过附近的上海环球金融中心,它地处于上海陆家嘴金融贸易区核心区内,建筑地上共119层,建筑总高约632米。

上海中心大厦与大多数现代高层摩天楼一样,它不仅仅是一座办公楼,更是一个商业区。大厦共有九大区域,每一个区域都有着夹在内外玻璃之间的空中大厅。1号区是零售区,2号区到6号区为办公区,酒店和观景台坐落于7号区到9号区,在空中大厅的每一层都建有自己的零售店和餐馆。

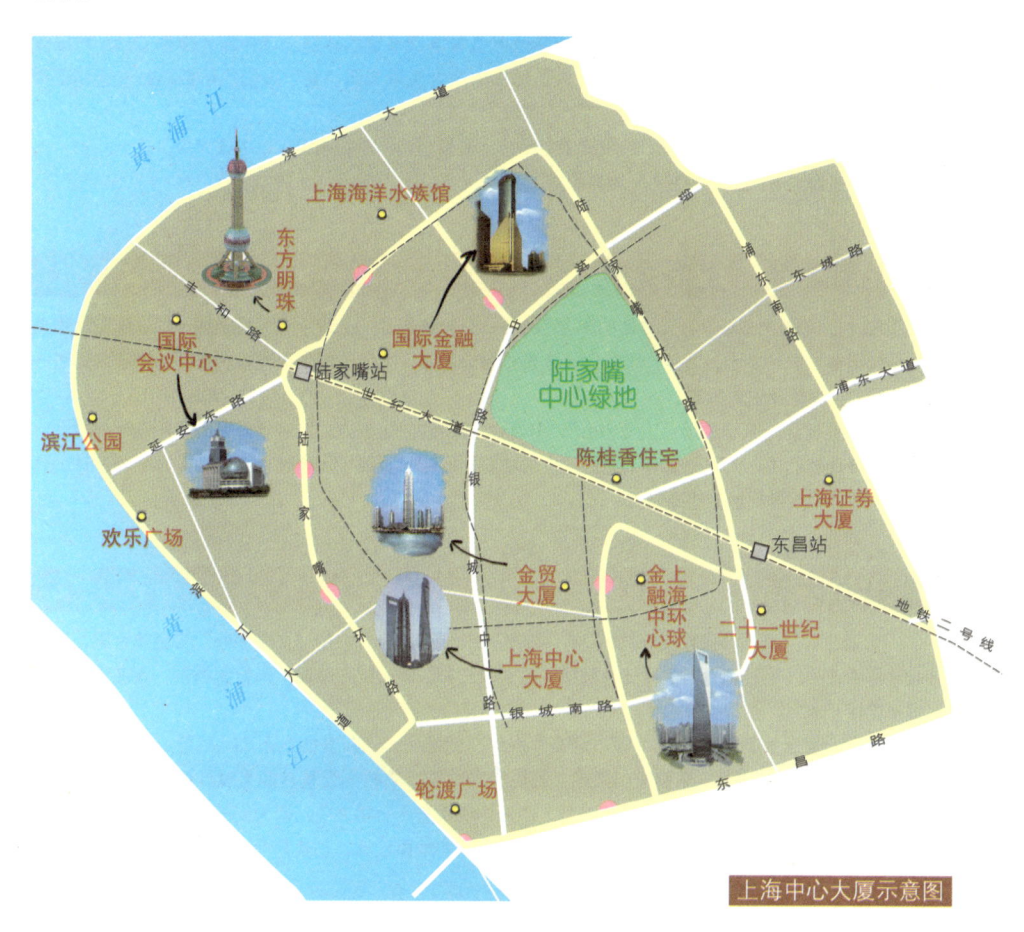

上海中心大厦示意图

Follow Me 上海深度游

❶ 观光区

"上海中心"观光路线由位于B1层的"上海之巅展示厅"、118层的"上海之巅观光厅"、125层的阻尼器展示区和126层世界最高人文艺术空间组成。

上海之巅展示厅以"上海中心""生长的天际线"等七大展区组成，以声光电的多媒体互动、高科技的展示方式让人沉浸在世界的摩天城市的奥妙中。

上海之巅观光厅位于第118层。经由世界最快速电梯，登上546米的超高观景台，俯瞰360度上海城市风貌，细数众多知名建筑，领略风云变幻自然美景，享受身处"上海之巅"的独特体验。

阻尼器展示区通过高科技互动装置揭开具有定楼之力的1000吨阻尼器的神秘面纱。

在世界最高人文艺术空间，可以聆听世界级大师的四维音乐作品，感受多媒体声光带来的顶尖试听体验。

❷ 空中大堂

上海中心大厦空中大堂提供了公共的活动交流空间，37层引入了上海观复博物馆和世界最高的室内中式园林——半亩园，52层及68层引进书店及米其林高端餐饮的业态。其中西式园林 Olive 广场以石柱、图腾及文字符号为象征物，展示了人类历史中八大失落文明，警示人们须珍视不断流逝的现存文化遗产。

上海观复博物馆常设瓷器馆、东西馆、金器馆、造像馆和一座临展馆，以中国深厚文化为基石，注重人文与历史的沟通，突出传统文化的亲和力。

❸ 上海之品、上海之礼

上海之品位于"上海中心"裙楼的B2层至4层，充分体现了"上海中心"垂直城市的理念。这里囊括了品牌零售、汽车展示、商务休闲餐饮、未来银行、咖啡、文创、衍生品等多种业态，在楼内即可一站式满足各类商务及生活所需。

上海之礼商店，分别位于"上海中心"118层和B2层观光区域内。商店以鲜明的原创设计为理念，在店内千余种商品中，大部分都有明显的"上海中心"印记，凝聚了大量艺术家、插画师原创设计的作品超越了游客对旅游纪念品的期望。

❹ 公共大街

"上海中心"地下公共大街长约340米，总面积约5500平方米，将"上海中心"与金茂大厦、国金中心、地铁二号线等相连通，使得陆家嘴核心区"金三角"高楼群在路面、人行天桥外，更在地下实现"根系连接"。

这条"公共大街"除了作为"城市通衢"提供交通便利，还具有曲线无边际的前卫设计风格，流动且富有变化的灯光效果，充满时尚氛围。通过特殊材质，将梧桐元素转换为设计语言，通过灯光在"公共大街"的顶部营造出树影斑驳的感觉，让人仿佛置身于丛林之中。而大街的边缘造型灵感来源于洞穴，无形之中增添了历史感和自然感，"公共大街"的地面设计，则具象地表达出黄浦江的流动与节律，营造出川流不息的感觉。

上海科技馆
科普休闲胜地

微印象

@LinTao 在钢筋水泥的现代场馆中居然有这么一隅天地，真石真水，云南西双版纳般的风景，如同置身天然，科技与自然在这里完美融合。

@louis 整个科技馆的外貌呈透明玻璃状，以正中的球体最为吸引人，如果要临时出馆的话里面的工作人员会在你的手上盖个荧光章，可凭借荧光章再次进入。

@滋味ie 在科技馆里亲眼看到了机器人是怎样跳舞的，古典舞、京剧、现代舞，加上灯光的托衬，效果甚佳。坐上水果轨道车，戴上四维眼镜，一会儿黑洞洞一片，一会儿立体光影解说，像游乐园，又像鬼屋。

门票和开放时间
门票：45元。
开放时间：9:00~17:00，周一休馆（节假日除外）。

进入景区交通
位置：世纪大道东端浦东新区市政中心广场的南侧。
交通：乘坐地铁2号线在上海科技馆站下车即可。

景点星级
美丽★★★★　刺激★★★★　特色★★★★　休闲★★★★　浪漫★★★　人文★★★

Follow Me 上海深度游

上海科技馆占地面积6.8万多平方米，展示内容由天地馆、生命馆、智慧馆、创造馆、未来馆5个主要展馆和临展馆组成，设有地壳探秘、生物万象、智慧之光、视听乐园、设计师摇篮、儿童科技园、自然博物7个展区和立体巨幕、球幕、4D3个影院。

1 地下1层

地下1层是馆内服务设施最集中的公共区域，内有售票大厅、大食代美食天地、休闲长廊和临展大厅，此外，IMAX三维巨幕影院和球幕影院也在该区域中。

球幕影院的球幕直径23米，倾斜度为30度，倾斜式银幕能使观众享有飘浮在空中的感觉。放映时，放映机由升降机上升到影院中央放映窗口，映像通过165度的鱼眼镜头将70毫米的影片放映到倾斜的球形银幕上，使观众四周及仰卧之间，皆为画面所包容，恍如投身其中。

攻略

1. 科技馆的停车场位于科技馆2号门出入口外，分设两个区域。

2. 科技馆设有3处游客服务中心，分别位于馆地下1层、1层和2层，可以免费提供导览图、轮椅车、婴儿车、行李寄存、手机充电服务、饮用水服务等。

3. 科技馆为观众提供全程导览服务，向游览者介绍上海科技馆的展示理念，展厅、展品的基本情况，可在游客服务中心预定，全程讲解时间为1.5~2小时。服务时间9:00~15:30。

2 1层展区

地面1层是上海科技馆一期工程的主要展区，内有生物万象、地壳探秘、儿童科技园、彩虹乐园、设计师摇篮5个展区和一个四维动感影院，此外还有APEC主会场、休闲大厅、咖啡休闲吧等服务设施。

小贴士

如果开车前来上海科技馆，建议将车辆停放在位于丁香路上的上海科技馆2号门两侧的停车区，从2号门进入本层检票大厅，购票后通过检票通道参观各展区。建议先参观生物万象展区，以避免人员拥挤。

3 2层展区

地面2层内有地球家园、信息时代、机器人世界、蜘蛛展4个展区。在地球家园展区可以感受到人类与地球的依存关系，了解人类发展所面临的问题；在信息时代展区可以愉悦地体验信息时代的各种好处，让人对美好的生活充满希望；在机器人世界展区可以看到各式各样的机器人，与机器人一决高低；在蜘蛛展区可以体验一次蜘蛛的生活，让体验者惊奇地发现，生命是如此丰富多样。

浦 东|

点赞

👍 @hi绿野仙踪 科技馆的下沉式广场很有特点，边上的石头旁流出泉水，清澈而凉爽。2楼是最有意思的，这里有很多机器人的表演，还可以和机器人比赛呢，非常适合孩子们来玩！

👍 @hicyzhu 上海科技馆包罗万象，每个年龄段的人都能在这里找到兴趣点。最好穿上舒适的鞋子，带好相机，因为这里内容很多，差不多要一整天才能看完呢！

❹ 3层展厅

3层展馆内有探索之光、人与健康、宇航天地3个展区。在"探索之光"展区浏览20世纪的辉煌科技，轻松感受量子论、相对论等科技成就给我们带来的神奇；在"人与健康"展区，通过刺激的"消化道之旅"了解自己，通过各种体能测试挑战自我；在"宇航天地"展区伴着各种各样的航天模型，可以体验一次宇航员的有趣训练，也可以在"太空剧场"中度过一段神秘而刺激的宇宙航行。

攻略

科技馆内共有4个特种影院，分别是巨幕影院、球幕影院、四维影院与太空影院，它们组成了迄今为止亚洲规模最大的科学影城。票价40元，具体演出信息可在科技馆的官方网站上查询。

攻 略

美食 饕餮一族新发现

科技馆1层球体旁有个茶餐厅，主要经营中西式套餐、港式茶点和花色饮品等，餐厅明亮洁净、典雅大方，风帆式的吊顶，通透式的落地窗，非常舒服。

另外，科技馆地下1层还有大食代美食餐厅，餐厅布局现代简约、时尚感强，经营着多种风味套餐、特色面点、花色饮品。

行程推荐 智慧旅行赛导游

上海科技馆游览路线推荐：
门口排队入馆—科学影城—地壳探秘（地震历险、上海的变迁）—视听乐园（虚拟演播室、飞机模拟驾驶）—智慧之光（幻影成像、测测你的反应、热动水车、热泵自行车）—设计师摇篮（绿色设计景箱、激光内雕、三维头像扫描站）—地球家园（生态灾变、臭氧层与我们）—机器人世界（与机器人比射箭、机器人剧场）—探索之光（相对论剧场、探索物质结构之路–微观粒子结构探索经典实验等）—人与健康（生殖的奥秘、饮食运动与健康）—宇航天地（神舟五号飞船、长征2号全透明火箭、美国"土星5号"火箭）—2号门出口。

世纪公园
假日之园

微印象

@芊芊妈妈 全家一起在世纪公园内骑着自行车，看着周围美丽的景色，让人心旷神怡。很喜欢世纪公园的风格，让人远离城市的喧嚣，在拥挤的上海城市中，有这样一片放松的天地真的很难得。

@hi绿野仙踪 位于世纪公园中央的云帆桥一下就吸引了我的眼球，在桥上照张相，不仔细看会以为正站立在迎风前进的帆船上呢！

@gordonchoicom 在世纪公园里呼吸大自然花草树木的新鲜空气，晒晒太阳，随意逛逛走走，顺便也当作是运动，很惬意。

门票和开放时间
门票：免费。
开放时间：5:00~21:00。

最佳旅游时间
春季的4、5月份是游览公园的最佳时间，此时百花盛开，十分漂亮，同时公园还会举办盛大的游园活动。

进入景区交通
位置：浦东新区锦绣路1001号。
交通：乘坐地铁2号在世纪公园站下，步行即可。

景点星级
浪漫★★★★★　美丽★★★★　特色★★★★　休闲★★★★　刺激★★★　人文★★★

浦 东

世纪公园是上海最大的富有自然特征的生态城市公园。公园内阡陌纵横,丘陵起伏,乔木常绿,湖水清澈,林间小溪蜿蜒流过,是大都市中的一片绿洲,繁华中的一片宁静,人行其中,心情异常平和宁静。

公园设置有乡土田园区、观景区、湖滨区、疏林草坪区、鸟类保护区、国际花园区和小型高尔夫球场7个景区,还有露天音乐剧场、会晤广场、儿童游乐场、垂钓等活动场所。

❶ 镜天湖—世纪花钟

步入世纪公园1号门,映入眼帘的便是镜天湖,它是上海地区面积最大的人工湖泊。每当微风拂过,湖水波光粼粼,碧波荡漾;每当天高气爽,湖水清澈如镜,天空的云彩倒映在湖水中,故名为镜天湖。

世纪花钟是世纪公园标志性景点,它背靠镜天湖,面向世纪大道。圆形的花坛直径达12米,以绿色的瓜子黄杨为刻度,以花卉作点缀,整个花钟绚丽多彩。世纪花钟由卫星仪器控制定时,误差仅0.03秒。公园于2000年4月18日正式对外开放,为纪念这个具有跨世纪的意义,加之该钟处于世纪大道末端,故称为世纪花钟。

小贴士

镜天湖北侧有观景平台,沿着平台拾级而上可观赏到四时花境内种植的多种植物,在平台西侧还栽种了具有传奇色彩的扬州琼花,登上顶端,极目远眺,波光粼粼的镜天湖尽收眼底。

点赞

👍 @雲瀿 在上海这个地方有这么大片的绿化很难得,而且也有一些别致的小景致,散散心随便走走不错,鸟岛、花钟、人物造型的树雕都很花心思。

👍 @gomarfa 公园很大,很适合散心,一进入世纪公园总会让我觉得远离了闹市,这个公园也有着一点闹中取静的味道,在里面骑自行车也是一大乐趣。

Follow Me 上海深度游

❷ 云帆桥—绿色世界浮雕墙

云帆桥位于世纪公园中央，西临镜天湖。该桥造型采用悬索结构形式，跨度达43米，是上海地区公园中最大的步行桥，桥体造型优美，倒映水中的桥影恰似一叶云帆，与云影浑然一体，成为世纪公园最美丽的景色之一。

绿色世界浮雕墙由花岗石制成，全长约80米，总面积约178平方米，作品展现了亚洲太平洋地区的29种动物和植物，集中展示了人与自然和谐的主题。

攻略

1.园内设有水上休闲项目，游船租借点位于公园三号门、七号门。乘坐电动船、手划船、脚踏船，可畅游环绕世纪公园的张家浜，两岸风光秀美，别有一番风情。

2.海战船游艺项目位于云帆桥旁，是将声、光、电技术融为一体的仿海战对抗游戏。在进行水上对抗射击时，被击中的船两舷会喷出水柱或发出较强的连续闪光和声响，是一种极富刺激性的游戏。

❸ 群龙追月（大喷泉）—鸟岛

群龙追月（大喷泉）是公园内的一处特色景点，距离七号门不远。喷泉长38米，宽14米，有327个大小喷头和300多个射灯排列组合成1个小环和4个大环。当喷泉启动后，四周由雾喷泉环绕，4个大环中分别喷出1根高水柱，其中一根名为"冲天柱"，最高可达80米。夜幕降临，在射灯的映照下，光柱与水柱交融，仿佛游龙翩翩起舞，更能演绎出108种美丽、生动的图案。

鸟岛位于世纪公园中央，整个岛屿四面环水，水体与镜天湖相通。岛上种植了香樟、女贞、意杨、红叶、桃树、梅花、金合欢、桂花等乔灌木约50种。稳定的植物群落，良好的生态环境，本地和过往的几十种鸟儿将此视为乐园，公园还在岛上专门驯养了100余只灰喜鹊，每当清晨和傍晚，百鸟争鸣，嬉戏树端。

攻略

1.在鸟岛所在的鸟类保护区的三岔路口处有一棵参天大树，它是从江苏移植而来的百年银杏树，据说它是当地的村民举行了隆重仪式后才移植过来的，颇具神秘色彩。

2.世纪公园乡土田园区的大草坪上有个鸽园，园内共有1200余只洁白的鸽子，游人可以进行喂食，在与它们亲密接触的过程中体会到融融乐趣。

❹ 异国园区

异国园区内有奥尔梅加头像、绿色迷宫等景观。奥尔梅加民族雕刻技艺出众，头像雕塑更是其文明成就的集中体现，该"奥尔梅加头像8号"的复制品系墨西哥维拉克鲁斯州政府赠予上海市政府的礼

浦　东

世纪公园示意图

地图标注：
- 三号门、公园管理楼
- 东方虹珠盆景园
- 香港园
- 乡土田园区
- 二号门、一号停车场
- 二号停车场
- 游乐园
- 李白纪念雕像
- 观景平台
- 绿色世界浮雕墙
- 异国园区
- 一号门
- 世纪花钟
- 音乐喷泉
- 闻莺桥
- 鸟类保护区
- 四号门
- 湖滨区
- 卧波桥
- 飞鸽
- 鸟岛
- 梦湖桥
- 玉珠桥
- 金盏桥
- 云帆桥
- 镜天湖
- 风荷桥
- 上海蒙特利尔园
- 奥尔梅加头像
- 五号门
- 音乐广场
- 群龙追月
- 疏林草坪区
- 高尔夫球场
- 夏园
- 安流桥
- 红枫桥
- 春园
- 卵石沙滩
- 六号门
- 银河桥
- 世纪雪堂
- 秋园
- 八号门
- 迎客桥
- 三号停车场
- 七号门

物，是两地人民友谊的象征。

　　绿色迷宫由绿色植物"珊瑚"围合而成，外围高3米，中间高2米，占地面积1200平方米，目前是上海市区内最大的绿色游戏迷宫。

小贴士

公园较大，想要逛遍整个园区需要很长时间，进园之前最好备好食物和水，园内虽然有出售点，但价格较贵。

攻略

1.世纪公园西侧有座露天音乐剧场，白色钢膜制成的音乐罩是用于增强音响效果的，它可以将演唱者的声音汇集起来传向观众，声音异常清晰、响亮，可以前来欣赏一下音乐剧。

2.园内西侧有个小型高尔夫球场，由休息厅、咖啡屋、球具出租屋、浴室等组成。球场设计精致、环境优雅，沙坑、池塘、灌木丛等障碍区配置合理，喜欢高尔夫的可以来这里一展身手。

Follow Me 上海深度游

攻略

景区交通 游遍景区不犯愁

1.观光车：公园内设有观光车，固定站点位于公园一号门、三号门、七号门的入口处。观光车沿公园主干道行驶，在乘车观光的同时，驾驶员还会讲解沿途风景。

2.自行车：公园一号门、三号门、七号门的入口处分别有自行车租借点，可租辆自行车骑行游园。

住宿 驴友力荐的住宿地

公园位于世纪大道上，这里聚集着众多宾馆，很容易便可找到落脚地。如汉庭酒店（地址：浦东新区白杨路260号）、全季酒店（地址：浦东新区梅花路999弄）等。

美食 饕餮一族新发现

公园一号门内有个Manner Coffee，咖啡厅面临美丽的镜天湖，除经营现磨咖啡、各式饮料、西式套餐外，还承接中外企业、婚庆公司、策划公司及各大旅行社的各种形式团体包场。三号门处有个七彩亭，外形酷似蒙古包，亭内经营各类休闲小食和饮品，饿了的话可在这里补充一下食物和饮用水。另外还有佳盅苑、世纪公园餐厅等餐饮场所。

游人也可以自带食物，在园内进行野餐。

行程推荐 智慧旅行赛导游

游览路线推荐：湖滨区—疏林草坪区—乡土田园区—鸟类保护区—异国园区—迷你高尔夫球场—出口。

世博园
世博会后的新面貌

微印象

@九月动词 世博园虽然只剩几个馆了，但里面还是很漂亮的，不同的植物组成绿色景色，还保留了当时的很多艺术建筑和设计。

@20838670 非常好的地方，可以看到中国改革开放的变化及中国高科技的结晶。最喜欢清明上河图，真的太精彩了。

门票和开放时间
门票：入园免费。中华艺术宫常规展览免费，特展另收费。
开放时间：园区全天开放。中华艺术宫10:00~18:00开放，周一闭馆（国家法定节假日除外）。

进入景区交通
位置：浦东新区上南路205号。
交通：乘坐地铁7号线至耀华路站或乘坐地铁8号线至中华艺术宫站下即可。

景点星级
美丽★★★★★　刺激★★★★　特色★★★★　休闲★★★★　人文★★★★　浪漫★★★

Follow Me 上海深度游

2010年上海世博会场地位于南浦大桥和卢浦大桥之间，沿着黄浦江两岸进行布局。世博会过后，世博园内大多数建筑已被拆除了。目前浦东主要保留了标志性的"一轴四馆"及世博公园，"一轴四馆"分别为世博轴、中华艺术宫、世博中心、世博展览馆、梅赛德斯-奔驰文化中心。

浦西主要保留中国船舶馆、中国航空馆等展馆，以及后期修建的世博会博物馆，在2017年正式对外开放，该馆全面综合地反映了2010年上海世博会的盛况。

1 世博源

世博源是由世博会永久性建筑——世博轴改建而成，位于世博园区核心区域，北端连接世博会庆典广场，东西分别毗邻梅赛德斯-奔驰文化中心、中华艺术宫（原世博会中国馆）、世博中心、世博酒店群、央企总部楼和世博展览馆（原世博会主题馆）。

世博源主体建筑南北长1045米，东西宽80~130米，地上2层（局部3层）、地下2层（局部3层），空间设计以"水"元素贯通南北，自北向南分为品味、潮流、时尚和乐活4个主题区域，为顾客提供零售、餐饮、娱乐、休闲、文化、展示于一体的一站式消费服务。

亲子研学

寓教于乐

品味主题区毗邻黄浦江，将会打造成具有各国风情的中、高端餐饮聚集区；潮流主题区主要以体验店、各类潮流产品为主；时尚主题区主打中高端品牌，各类世界知名品牌的旗舰店；乐活主题区靠近居民生活区，主要以超市、百货、时尚家居为主，并配以美食广场、儿童教育、体育公园等娱乐设施，满足居民日常生活及节假日休闲娱乐的消费。

攻略

1. 世博源拥有世界规模最大的张拉膜结构顶盖，展开约有7.7万平方米，造型也不尽相同，每个高约42米，最大直径约90米，宛如足球场般大小，值得一看。

2. 夜幕降临时，世博源将呈现出绚丽多彩的魅力景致，美轮美奂的"阳光谷灯光秀"色彩缤纷，变幻莫测，配合水中镜面倒影，绽放着独特的光影之美。

3. 滨江音乐喷泉集音乐、灯光、激光、火焰、环形喷射、水幕电影等高科技手段，在夜色的衬托下，更加气势磅礴，带来震撼的全方位视听享受。

2 中华艺术宫

中华艺术宫选址在2010年上海世博会中国馆，展示面积达6.4万平方米，拥有27个展厅，在规模、配置上接近美国大都会博物馆、法国奥赛博物馆等国际著名艺术博物馆，成为最具有全球知名度的场馆之一。

中华艺术宫开馆展览由《海上生明月——中国近现代美术的起源》《来自世界的祝贺——国际美术珍品展》《锦绣中华——行进中的新世纪中国美术》《上海历史文脉美术创作工程作品展》及名家馆5个部分组成。艺术宫收藏的各类藏品现已近万件，这些藏品涵盖了

浦东|

20世纪中国美术发展进程各阶段的内容，其中有20世纪前期试探"中西融合"艺术道路的老一辈画家的典范性作品，有战争时期热血青年的新兴版画木刻作品，有新中国艺术家歌颂社会主义革命和建设的大型油画、中国画，还有改革开放以来年轻艺术家富有现代艺术特征的试验性作品及能反映上海地区艺术特色的年画、连环画、宣传画。这里还收藏了海内外画家的大量捐赠作品。

解说

中华艺术宫的馆标基本沿用世博会中国馆馆标的主要元素和设计理念，包含了繁体的"华"字，同时勾勒出世博会中国馆"东方之冠"的形象外观，东方红更是体现了中华儿女对祖国的热爱！

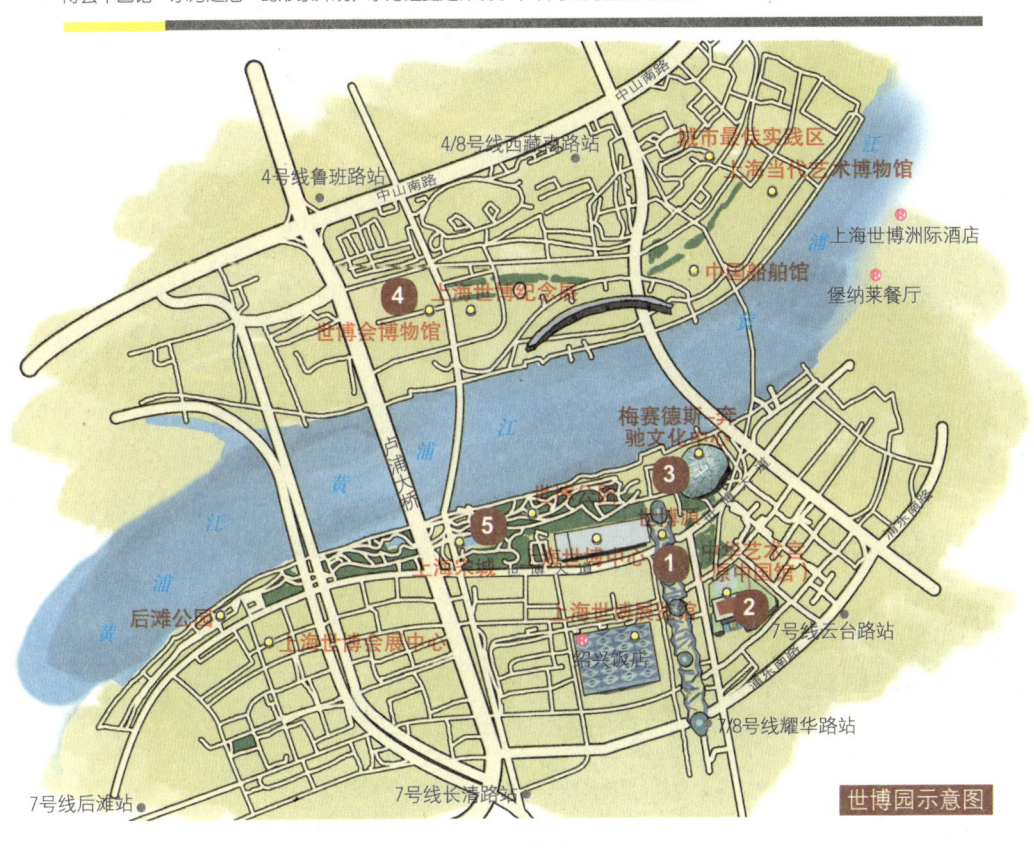

世博园示意图

❸ 梅赛德斯-奔驰文化中心

梅赛德斯-奔驰文化中心原为世博文化中心，位于世博会园区的核心区域，毗邻世博轴与中国馆。整座建筑以其轻盈灵动、宛若飞碟般的独特造型横空出世，犹如一枚"艺海贝壳"，美艳耀世。中心主体为18000座的多功能演艺空间，与能驾驭古典与流行多种表演形式的轩尼诗音乐俱乐部共同构架起奔驰文化中心演艺活动的定位主线，同时，中心还有约20000平方米的互动体验式综合零售商业区、真冰溜冰场以及连锁影城等。

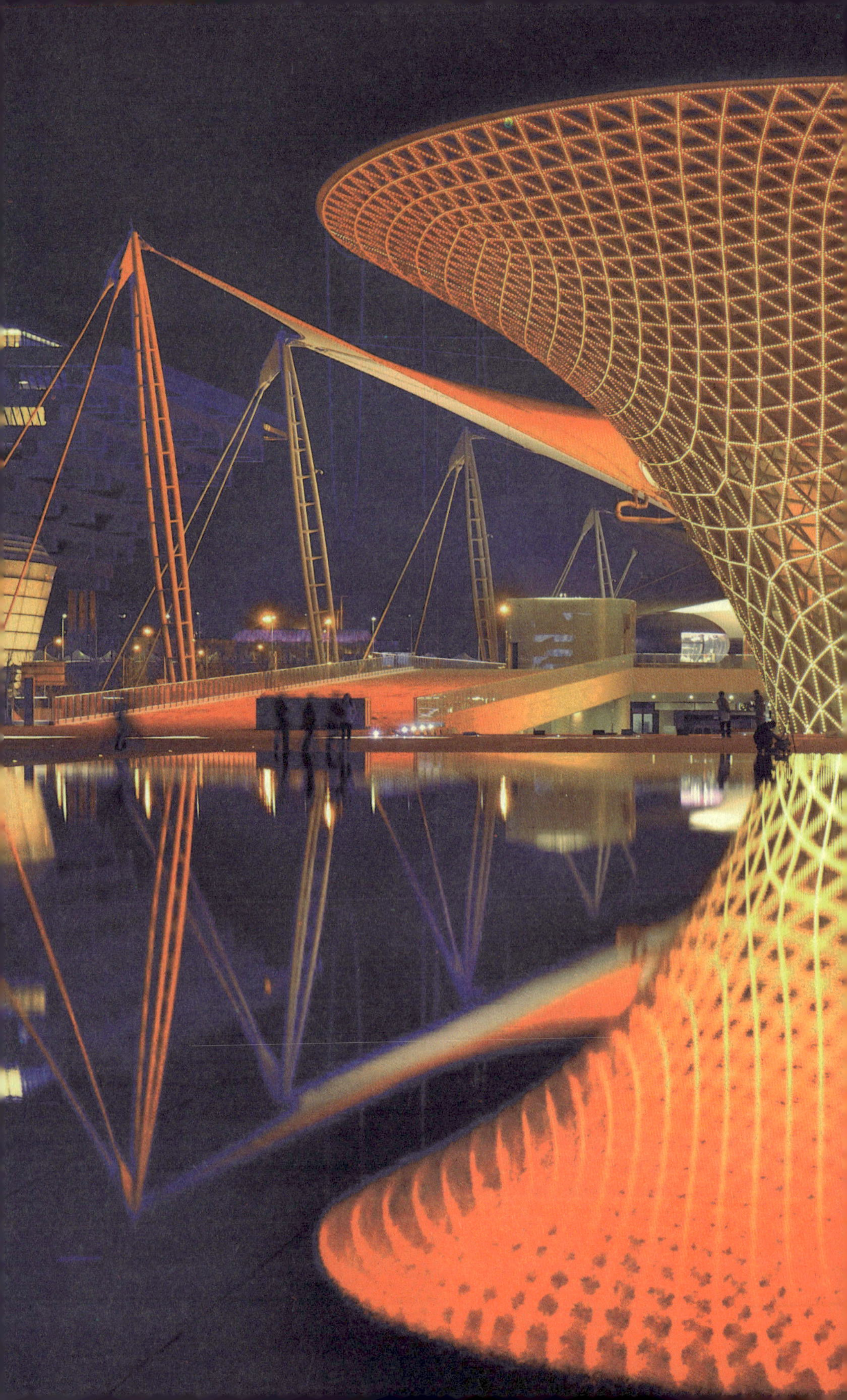

世博轴是2010年世博会的入口和主轴线,地上地下各两层,为半敞开式建筑。

Follow Me 上海深度游

攻略

1. 梅赛德斯文化中心每天都会有各种演唱会、大型活动等，可通过其官网查询具体信息。
2. 梅赛德斯-奔驰文化中心提供游客参观服务，参观项目包括：主场馆、音乐俱乐部、观景平台、溜冰场等，在导游的讲解下，人们会更深入地了解文化中心，感受艺术氛围。

❹ 世博会博物馆

世博会博物馆位于上海世博会浦西园区，建筑面积约4.6万平方米，是世界上为数不多的关于世博会的博物馆，介绍了1851年以来世博会历史和2010年以后的各届世博会的情况，并为与世博会相关的国际文化交流和科技创新提供了平台。

博物馆内主要分为寰宇舞台、进步之路、乐观自信、挑战重重、世纪盛会、世界文明、中华智慧、未来愿景8个大厅。馆内还有3个临时展厅：一号展厅定位为国宝级展厅，2号临展厅用于一般巡展及世博主办展览，3号临展厅适用于原创主题类展览、展览试验场等一般性来展。

❺ 上海宋城

上海宋城位于黄浦江畔世博园区，是一个颠覆想象的全新演艺公园。园内有大剧院、鸟秀剧院、森林剧院、悬崖剧院等20多个剧院和表演场所。流连在穿越街、魔幻街、天上街市、千古情街，恍若隔世；音乐广场、彩色森林、精灵谷、天空之城、玻璃挑台、藤桥等一步一景。

园区主打大型歌舞《上海千古情》，以史诗般的叙事结构，上天入地的舞台高科技手段，演绎了上海的前世今生。借助先进科技的辅助，剧院一秒变海底，火车开进剧院里，3000吨黄浦江水瞬间倾泻等视觉效果带来强烈艺术震撼。演艺公园还推出风格迥异的4台个性化演出，能够满足不同人群的观演需求。

> **小贴士**
>
> 宋城演艺公园的秀主要有5场，分别为主秀《上海千古情》、亲子秀《WA！恐龙》、带餐秀《热情桑巴》、High秀《颜色》、丽影秀《S》，不同的秀各具特点。前往宋城之前，可以先在官网查询园区开放时间、每场秀的上演时间，以免错过演出。

上海鲜花港
郁金香的海洋

微印象

@舌尖上的忌讳 喜欢鲜花的朋友一定要去，喜欢拍照片的朋友也可以去那找焦点，那里有很多种类的花，可让你欣赏个够。

@jaijia1hshoo 上次去的时候正是郁金香开得正艳的季节，站在外面，看着一片粉色的、深紫色的、红色的郁金香，如火如荼地盛开，场面真的很震撼。

@蓝莓的想念 花儿很多很美，盛开的时候景色特别迷人！特别喜欢这里的郁金香，放眼望去，一片郁金香的海洋，空气中飘荡着郁金香的气息，很让人陶醉。

门票和开放时间
门票：100元。开放时间：8:00~17:00。

最佳旅游时间
每年3月底至5月底是游览鲜花港的最佳季节，每年的4、5月份是郁金香花开的季节，满眼望去全是各色的郁金香，届时还会举办郁金香花节。

进入景区交通
位置：浦东新区东海农场振东路2号（近两港大道）。

交通：

1.班车：每年4月份的时候有鲜花港直达专车，工作日每天一班，9:30从龙阳路地铁站出发至鲜花港，15:30从鲜花港返回至龙阳路地铁站。周六、日等法定节日，每天两班。

2.地铁：乘坐地铁16号线在临港大道站下，换乘1078路到滨果公路上海鲜花港站下可到。

景点星级
美丽★★★★　刺激★★★★　浪漫★★★★　特色★★★　休闲★★　人文★★

Follow Me 上海深度游

上海鲜花港示意图

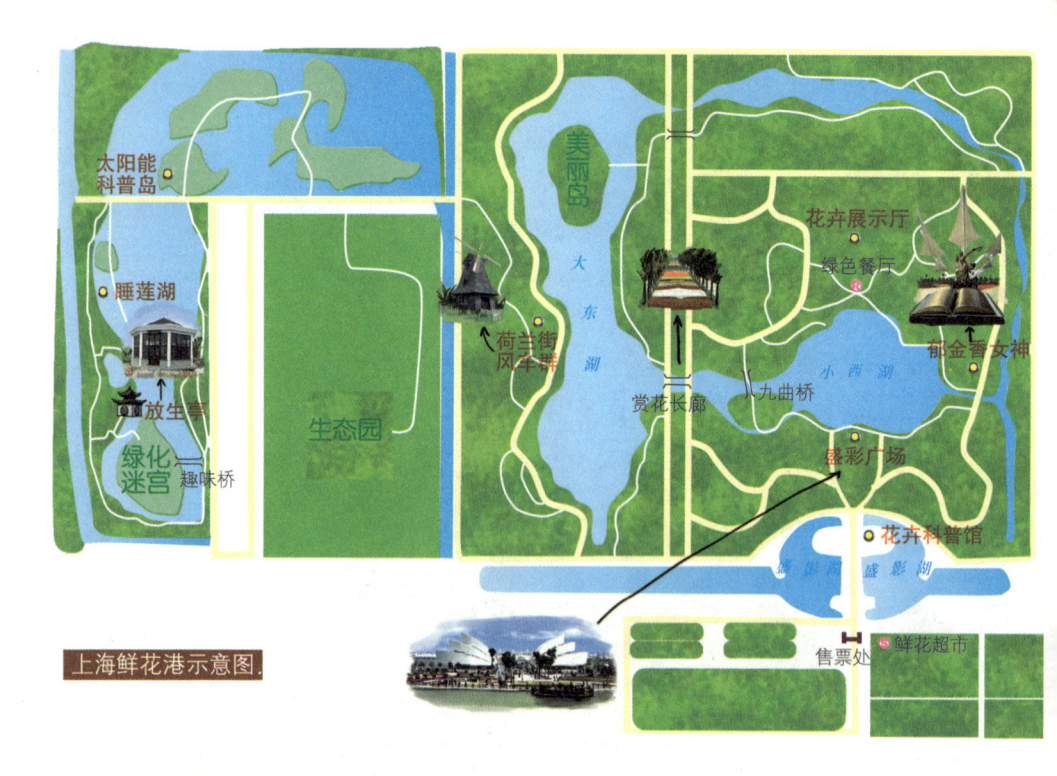

小贴士

春天赏花要远离花毒，以避免皮肤过敏。常见的杜鹃花、含羞草、夹竹桃、一品红、马蹄莲等，均含有毒物质，误食可导致中毒；五色梅、洋绣球、天竺葵等可引起过敏；冬珊瑚、龟背竹、石蒜、百合花等，都含有不同的有毒物质。所以，赏花时最好以"眼观"为主。

上海鲜花港位于美丽的东海之滨，北邻国际航空港，南邻洋山深水港，地理位置得天独厚。鲜花港面积达10平方千米，主要由4部分构成，即自控温室生产区、花卉新品展示区、教育研发推广区和配套服务区。

其中，花卉新品展示区是鲜花港的主要展示区，园内种植了320万株郁金香，品种达300多种，展示区富有特色，千姿百态。320万株郁金香在园艺种植技术人员的精心培育下，经过土壤改良和营养基质的注入及种植方法的调整，花期可延长整整一个月的时间。

攻略

展示园每年举办3次主题花卉展示，除3月底至5月初的郁金香花展外，每年的5月中旬至9月底为荷花、睡莲等水生花卉的主题展示，9~10月为盆栽菊花展。

除了五颜六色的郁金香花，展示园内的建筑也各具特色，其正对面是一座30米长的白色人工瀑布，从岩石中喷涌而下，展示区的东侧耸立着3个中国木匠经典风格的风车，展示出了浓浓的田园风情；区内还建造了形态各异的中国传统木桥、木屋等。

上海鲜花港

Follow Me 上海深度游
攻略

住宿 驴友力荐的住宿地

上海鲜花港距市区较远,乘车往返需4~5个小时,可以在距离较近的宾馆住宿,方便第2天游览。如上海滴水湖临港书院人家逸扉酒店(地址:浦东新区临港大道3500弄)、上海恬园·佳舍精品民宿(地址:书院镇洋溢村书谐路275号)等。

美食 饕餮一族新发现

园区内有上海最大的菜园餐厅——鲜花港郁金香玻璃餐厅,餐厅内设有玻璃走廊温室,外面是盛开的成片郁金香,大有"菜园里吃饭"的乐趣。

特别提示

❶ 最好在晴朗天气去鲜花港,那样能拍出好看的照片。
❷ 赏花的时候最好做好防晒措施,因为那里比较空旷,没有遮挡物。
❸ 鲜花港内虽然有餐厅,但食物比较简单,可以自备食物和水,园内允许在草坪上进行野餐。

上海迪士尼乐园
欢乐的童话世界

微印象

@叶子lv：迪士尼是女孩子的梦幻乐园，具备了所有吸引人的元素，这里有着甜美的公主和帅气的王子，可爱的小动物，结合了故事情节的游玩项目。在这里可以实现每个女孩的公主梦，完全符合我对童话的期待。

@笑笑SM：在很小的时候听过一句话"全世界都在催你长大，只有迪士尼告诉我们，慢一点，再慢一点"。来过这里的人，会切身感受到它的意义，在乐园中"飞越地平线"和"雷鸣山漂流"最让我出乎意料。

门票和开放时间
门票：平日一日票：标准票475元，儿童票356元；平日二日票：标准票912元，儿童票683元；高峰日门票不等，具体见官网；早鸟票（至少提前十天预定）优惠60元。
开放时间：08:30~21:30。

最佳旅游时间
乐园在旺季的时候住宿会偏高，人流量大，如果时间充足，可以避开高峰期。春秋两个季节温度适宜，是比较适合去乐园游玩的。

进入景区交通
位置：上海浦东新区申迪北路753号。
交通：乘坐地铁11号线在终点站迪士尼站下，步行即可到达迪士尼度假区。

景点星级
浪漫★★★★★　刺激★★★★★　特色★★★★★　美丽★★★★　休闲★★★　人文★★★

Follow Me 上海深度游

　　上海迪士尼乐园又称上海迪士尼魔法王国主题乐园，建于2016年6月16日，是上海国际旅游度假区内的标志性景区，是中国内地第一个、世界第六个迪士尼主题乐园。乐园无论老幼都可以感受到充满创造力、冒险和刺激的乐趣。上海迪士尼乐园包含七个主题园区：米奇大街、奇想花园、梦幻世界、探险岛、宝藏湾、明日世界和迪士尼·皮克斯玩具总动员，这里还拥有全球迪士尼主题乐园中最大的奇幻童话城堡，每一个园区都有自己的特色，为游客创造无限可能。华特迪士尼公司将独特的、具有中国特色的体验展现给中国游客，让男女老少都能在这里找到快乐的天地，创造值得珍藏一生的回忆。

❶ 米奇大街

　　米奇大街是奇思妙想的发源地，它是全球迪士尼乐园中第一个以米奇和他的欢乐伙伴们为主题设计的迎宾大道，米妮、唐老鸭、黛丝、高飞及布鲁托等伙伴都在这里欢聚。这个街区布满了各式各样的商店和餐馆，游客们可信步漫游，尽情地挑选精美的商品，其中有许多是特别为中国游客而设计的，这里也是感受迪士尼欢快气氛的开始。

攻略

米奇大街上有三家特色小吃店：
1.充满法式风情的小米大厨烘焙坊，甜品的形状都是迪士尼的卡通人物；2.有着凉爽的华夫甜筒和圣代的帕帕里诺冰激凌店；3.人气比较高的甜心糖果店，这里的糖果色彩斑斓。

链接　米奇大街演出

　　米奇大街是花车巡游的起点，这里的巡游表演要比别的乐园大得多，大型花车也是精美至极，表演者活力十足，场面十分震撼。演出一般在15:30开始，通常表演前半个小时，已经有很多人在占位等待了。

浦　东

❷ 奇想花园

　　奇想花园是一个十分适合孩子们的主题园区。这里主要赞颂的是大自然的奇妙，设计者丰富的想象力给游客带来诸多快乐的体验。可将平日烦恼抛诸脑后，徜徉于神奇花园中。时而驾着幻想曲旋转木马体验回旋的欢乐；时而深入漫威英雄总部，与自己喜爱的超级英雄见见面；时而踏入米奇俱乐部，问候一下举世闻名的老鼠米奇；时而乘着小飞象在天空中尽情翱翔。

攻略

　　幻想曲旋转木马是乐园中最经典的游乐项目，在灯光和音乐下，旋转木马显得十分梦幻，这也是全球迪士尼乐园中第一座缤纷多彩的旋转木马。小飞象也是乐园中人气比较高的项目，这个项目可以看到迪士尼的全景，深受孩子们的喜爱。

链接　奇想花园演出

　　当夜幕低垂，音乐响起，"点亮奇梦：夜光幻影秀"拉开了帷幔。这场烟火灯光秀持续将近半个小时，它将灯光、音乐、建筑、绘画诸多艺术元素融为一体。在喷泉广场是看灯光秀的最佳地方，不过那里人一般比较多，需要提前2~3个小时去占位。演出一般在20:00开始，表演大约半个小时。

107

Follow Me 上海深度游

❸ 梦幻世界

　　梦幻世界是上海迪士尼乐园中最大的主题园区，宏伟壮丽的奇幻童话城堡便坐落其中。游客可以在城堡上俯瞰童话村庄和神奇森林，也可以在各类精彩有趣的景点中沉浸于备受喜爱的迪士尼故事。在这个童话仙境中，游客可以乘着七个小矮人矿山车在矿洞隧道中穿梭，畅游在小飞侠天空奇遇里俯瞰伦敦，和小熊维尼探索百亩森林，和爱丽丝一起漫游华丽的仙境迷宫。

攻略

　　七个小矮人矿山车项目深受大家的喜爱，比较适合全家共同体验的过山车项目，行驶在梦幻世界村庄连绵起伏的山峦中，忽上忽下，惊险刺激。爱丽丝梦游仙境迷宫是全球迪士尼乐园中第一个以蒂姆·波顿的真人电影《爱丽丝梦游仙境》为主题的景点，也是一个拍照胜地。

❹ 探险岛

　　上海迪士尼乐园的探险岛使用了前所未有的故事情节、原创角色、独特布景和原创音乐。游客或在古迹探索营走出自己的探险之路，或在翱翔·飞越地平线跨越时空欣赏世界，或是在欢笑聚友会上偶遇丛林故事中的可爱朋友们，或是在雷鸣山漂流探索巨兽所在的黑暗领域。探险岛的每一处都充满着古老和神秘，游客可尽情发掘这座与世隔绝的岛屿，留下难忘回忆。

攻略

　　探险岛是迪士尼最热门的地方，其中翱翔飞越地平线和雷鸣山漂流这两个项目是园区的"明星"项目，特别是夏季可以体验一下，但这两个项目排队的人比较多。

浦东

❺ 宝藏湾

宝藏湾是全球迪士尼乐园中第一个以海盗为主题的园区，里面住着一群形形色色、乐天随性的海盗，四处寻找好玩刺激的冒险。在这里，色彩、视觉和音乐的激烈碰撞，将海盗们浮躁轻狂的个性与颠沛流离的生活融入各种异域文化，用丰富的细节讲述精彩的故事。园区主要有船奇戏水滩、加勒比海盗—沉落宝藏之战、探险家独木舟、探秘海妖复仇号等项目。

攻略

加勒比海盗—沉落宝藏是园区的主要项目，这里绝对是一次非常好的体验。

❻ 明日世界

"明日世界"中展现了未来的无尽可能。它富有想象力的设计、尖端材料的使用和系统化的空间利用，体现了人类、自然与科技的最佳结合。园区主要项目有巴斯光年星际营救、创极速光轮、喷气背包飞行器等，其中"创极速光轮"是迪士尼全球首发的游乐项目，可乘坐两轮式极速光轮摩托体验全球迪士尼乐园中最紧张刺激的冒险之旅，飞速驶过室内、户外轨道，感受丰富多彩的故事。

攻略

全园人气最高的项目是创极速光轮，由于是全球首发的项目，也吸引了许多国外友人来这里体验。

Follow Me 上海深度游

❼ 迪士尼·皮克斯玩具总动员

玩具总动员是以迪士尼·皮克斯热门电影《玩具总动员》中的角色为主题，打造的全新景点和体验，成为迪士尼乐园的第7个主题园区。园区主要包括簧狗团团转、抱抱龙冲天赛车、胡迪牛仔嘉年华、餐饮体验的艾尔玩具店和玩具盒欢宴广场等。

👪 亲子研学

迪士尼乐园

迪士尼乐园是全球性的大型动漫主题乐园，在1955年由华特·迪士尼一手创办，开园后即成为世界上最具知名度和人气的主题公园。

迪士尼乐园是迪士尼度假区中的一个部分。除了乐园外，通常情况下，迪士尼度假区一般还包括主题酒店、迪士尼小镇和一系列休闲娱乐设施。迪士尼乐园里则包含许多主题园区，不同主题园区内则有不同游乐设施。截至目前，迪士尼大家庭已拥有六个世界顶级的家庭度假目的地：加州迪士尼乐园度假区、奥兰多华特迪士尼世界度假区、东京迪士尼度假区、巴黎迪士尼度假区、香港迪士尼乐园度假区、上海迪士尼度假区。

攻略

住宿 驴友力荐的住宿地

上海迪士尼乐园酒店：位于浦东新区申迪西路1009号，是一家造型别致的、富有新艺术风格的、充满了迪士尼故事情节的酒店。酒店离乐园有一段距离，有免费大巴或游船接送，可以提前一小时入园去乐园最火的项目打卡。

上海玩具总动员酒店：位于浦东新区申迪西路360号，主题取材于迪士尼·皮克斯系列电影《玩具总动员》，酒店客房里处处布满玩具总动员故事里的有趣细节。酒店离迪士尼很近，有车可以接送，有去园区的单独通道。

美食 饕餮一族新发现

极食The Urban Harvest：迪士尼小镇上的一家西餐厅，距离迪士尼商店很近，店内装修风格明快且有特点，环境很有格调。主营各种西式餐点及中式菜品，这家的甜品做得也不错，价格算比较实惠的。

上海小南国：这家餐厅在装修上将上海的时尚和精致元素融入其中，给大家描绘了一幅幅生动的上海印象。在这里可以品味到纯正的上海味道，感受精致、细腻、周到的服务。外婆红烧肉、清炒河虾仁、清蒸鲥鱼等都是招牌菜。

上海野生动物园
零距离接触动物的天地

微印象

@查而司 上海野生动物园很大，里面动物很多，品种丰富，大熊猫、金丝猴、火烈鸟都是珍稀动物。而且不同时间段有不同的主题表演，特别精彩。

@沃尔欧吉 在动物园内除了看狮子、老虎外，在自由活动区还有浪漫的黑天鹅，两两成对排出爱心形状。还有可爱的山羊和小猪放在一起，两群动物都等人喂食，相当有意思。

@1560lypotjy 野生动物园内的环境很好，小动物们都很可爱，到处都是动物的味道，很贴近自然，和自然接近心情也会放松。

门票和开放时间
门票：普通投喂车票50元，水域探秘游船票80元，国际马戏剧场票80元。
开放时间：3~6月、9~11月：9:00~17:00，7~8月：9:00~20:00，12月~次年2月：9:00~16:30。

进入景区交通
位置：浦东新区南六公路178号。
交通：
1.地铁：乘坐地铁16号线在野生动物园站下，步行即可到达。
2.自驾：市区—南浦大桥—龙阳路—沪南公路—南六公路—景区；或市区—南浦大桥—龙阳路—罗山路—外环线A20公路—迎宾大道A1公路—南六公路—景区。

景点星级
美丽★★★★　刺激★★★★　浪漫★★★★　特色★★★　休闲★★★　人文★★★

Follow Me 上海深度游

　　上海野生动物园是我国最大的国家级野生动物园，园内汇集了世界各地具有代表性的珍稀动物200余种、上万余头（只），其中更有来自国外的长颈鹿、斑马、羚羊、白犀牛等，以及中国一级保护动物大熊猫、金丝猴、金毛羚牛等。

　　动物园分车入和步入两大参观区，整个园区分为食草动物放养区、食肉动物放养区、火烈鸟区、散养动物区、水禽湖和珍稀动物圈养区、百鸟园、蝴蝶园及儿童宠物园，并设有动物表演等许多特色节目。

攻略

　　园内动物演出时间为：1.动物迎宾：9:00~10:15，正大门内广场（仅限双休日、节假日）；2.周一至周五：10:00、15:15，双休日节假日：10:00、12:30、15:15，7~8月加场19:30。演出地点是海狮表演场；3.大型广场艺术表演：每天14:15在百兽山表演场演出；4.群狮群虎表演：10:30、12:00、13:15在太阳广场演出；5.国际大导戏：平时13:00，节假日12:30、14:00。

　　在车入区，可以看到具有绅士风度的长颈鹿伸长它的脖子，盼望游人的到来；可观赏到陆地上最大的哺乳动物——大象温和地向游客致敬；还可欣赏到我国三大国宝之一的金毛羚牛；这里还生活着世界上奔跑最快的动物——猎豹；兽中之王非洲狮，捕食时显示出其大将风度；笨拙、灵活、狡猾的动物"三杰"——熊、猴、狐，各献绝技，争相向过往的车辆讨要食物；威武的老虎，注视过路车辆，展现其王者的风范等。

攻略

　　1.在海狮表演馆里能看到世界一流的海狮驯化表演，除了顶球绝技传统节目，还会表演海狮桑巴舞、海狮情景小品、海狮沙滩排球赛和海狮群体绝技动作等节目。此外，海狮还会和现场观众进行握手亲吻、打排球等互动节目。

　　2.动物园内有高空缆车，可以俯瞰动物园全景，有兴趣的话可以去乘坐一下。

　　3.在袋鼠区，游人可靠近袋鼠喂食，也可摸摸袋鼠宝宝，还可以握握袋鼠妈妈的手，与它们合影留念。

　　4.鸵鸟、鸸鹋生性好奇，爱凑热闹，所以只要围栏旁有人，它们会马上过来看看有什么好吃的或好玩的东西在等待它们，非常可爱。

浦　东|

在步行区则可观赏到白狮、白虎、白袋鼠、大熊猫、扬子鳄等世界珍稀动物,还可以与驼羊、骆驼、斑马、象等动物合影;到小动物乐园抱抱小动物,喂喂宠物小猴,亲自当一回饲养员。

小贴士

1. 来动物园玩最好涂好防晒霜和驱蚊水,里面的蚊子非常多,尤其是看动物表演的时候,很容易被蚊虫叮咬。

2. 建议穿运动鞋游览,动物园面积很大,逛起来会比较累。如果坐游览车,基本看不到什么动物,不太值得。

点赞

👍 @laura_lin_c 一个非常好玩、值得一去的地方。在那里可以和动物有最亲密的接触,可以真正感受到自然的魅力。

👍 @jessica 上海野生动物园不愧是5A级景区,园子很大,动物种类也很齐全,还可以去猛兽区给老虎、狮子喂食,很刺激。

上海野生动物园示意图

113

Follow Me 上海深度游

攻略

景区交通 游遍景区不犯愁

1. **游览车**：动物园内设有游览车，游览车运营时间：8:30~16:00（3~11月），09:00~15:30（12月至次年2月）。

2. **自驾车**：动物园内允许自驾车开入园内游览，但一定要确认车况良好后方可入内。游览区内限速10千米/时，禁止停车、打开窗门、擅自下车。

住宿 驴友力荐的住宿地

上海国际旅游度假区美仑酒店：步行即可抵达野生动物园。房间干净，早餐丰富，服务热情。地址：南六公路373号。

如家快捷酒店（通济路店）：酒店毗邻上海野生动物园、南汇大学城、桃花村、滴水湖等著名景点，张南线直达地铁2号线，更有世博16号专线直达世博园区，交通十分便利。地址：浦东新区南汇惠南镇通济路150号。

上海桃城度假村：度假村整体建筑格调高贵、典雅，齐全的会务功能、休闲的康乐设施，优质的餐饮服务是度假村的三大特色。地址：浦东新区南汇沪南公路9191号。

美食 饕餮一族新发现

在景区内的观鹤楼餐厅，可以边品佳肴，边欣赏水禽湖风光；高空游览车旁的快餐厅经济、方便、快捷。另外，动物园内还有几个小卖铺，可以买到各种零食、饮料，但价格较贵。

行程推荐 智慧旅行赛导游

上海野生动物园一日游线路：火烈鸟区—水禽湖—散养动物区—食肉动物放养区—海狮表演馆—赛狗场—小动物乐园—珍稀动物圈养区—百鸟园—猛兽竞技场—动物表演场。

中国航海博物馆

浓缩中国航海史

微印象

@korug 博物馆内内容丰富，明代福船值得一看，可以增长很多知识。馆内设计人性化，建筑非常有特点，像个大帆船，还有很多体验的项目。

@fanycyfeng 很用心的一个博物馆，分上下两层，可以让人从历史到军事、民用全方位了解船的知识，还有儿童活动中心及很多动手参与的科普活动，寓教于乐，其乐无穷。

门票和开放时间

门票：30元，每年5月18日、7月11日可免费参观。

开放时间：9:30~16:00（15:30停止入馆），周一闭馆（节假日除外）。

进入景区交通

位置：浦东新区临港新城申港大道197号（近滴水湖）。

交通：

1.公共交通：轨道交通16号线至滴水湖站2号口，换乘1096路至环湖西二路申港大道站下即可。

2.自驾：外环线S20（浦东机场方向）—转S2高速（东海大桥方向）—临港新片区出口—中国航海博物馆。

景点星级

特色★★★★★　休闲★★★★　人文★★★★　美丽★★★★　刺激★★★★　浪漫★★★

Follow Me 上海深度游

  中国航海博物馆以"航海"为主线,以"博物"为基础,按门类设6大分馆、12个展区,并设有球形天象馆、电影院和学术报告厅等设施。展馆建筑面积约2000平方米,实物展品约260件,各类照片和影像资料约130件,各类文献资料约70件,各类模型约30个,各类场景和沙盘约10个。在众多展品中不乏珍品,如民国时期的船员证件、船舶国籍证书、船舶所有权证书及清同治十三年(1875年)东海岸海图等重要珍贵资料。

  馆内展区分为3层,第1层设置了航海历史馆、船舶馆、海员馆,以及渔船与捕鱼专题展区;第2层设置了航海与港口馆、海事与海上安全馆、军事航海馆,以及航海体育与休闲专题展区,详尽而生动得展示了与航海有关的各个方面。另外,博物馆还建有天象馆、4D影院和儿童活动中心。

1 航海历史馆

  航海历史馆是中国航海博物馆的重点展馆,该馆以时间为主线,分为古代、近代、现代3个展区,同时历史馆以技术副线为隐线,将浮力渡水、独木舟、木板船、帆、桨、橹、舵、指南针等造船和航海技术随时间主线并行展开,让观众更深入了解中国航海技术的发明与演变过程。

亲子研学

当一回"海盗船长"

  博物馆内的儿童活动中心内设有卡通大船、小小搬运工、虚拟水族箱、神奇望远镜、有趣的船只、角色扮演、造船小作坊等多个活动区域及互动展项。活动中心还有各式角色扮演服装可供使用,不管是大人还是孩子都可扮演成船长、海盗、美人鱼等拍照留念。

  如果带孩子来参观的话,还可以带小朋友去手工活动室,亲自动手画张蜡染画,做个果冻蜡烛、电动船模、小灯塔等,还可以自己编一个水手绳结。

❷ 船舶馆

　　船舶馆分为船舶结构与设备、船舶制造两个部分，通过对船舶结构、设备及建造的分解、介绍与展示，呈现给观众一幅清晰、透明的船舶图，同时，将互动、环境模拟、观众参与和文物、实物相结合。展示船舶结构时，制作了1：6大型万吨级货轮高仿真剖面模型，船长约25米，高度贯穿两层展示空间。

点赞

👍 **@joyce1978** 博物馆里面内容还是蛮多的，知识性、娱乐性、互动性都很强，据说里面还有我国最早的手绘世界地图，值得一看！

👍 **@万小哆** 博物馆的外观是个船的形状，很好看，里面的一些船的模型也展现了我国航海的历史，通过文字可以让我们深刻地了解到我国的航海历史，感触颇深。

❸ 航海与港口馆—海事与海上安全馆

　　航海与港口馆主要展示了海洋环境，从古至今各类保障船舶航行的仪器、仪表等技术资料，包括地文航海、天文航海、无线电航海等。同时，展示了大量反映港口与航道的文物和实物。

　　海事与海上安全馆由海事和海上安全两大独立展区组成。海事馆通过实物及辅助图文展示海事沿革与海事监管执法；海上安全馆通过实物、模型、多媒体、电子地图等展示海上救助、海上打捞及反海盗专题内容。

小贴士

　　在博物馆免费日时可以免费参观中国航海博物馆，可以通过其官网进行预约，然后在参观当日自行打印预约单至博物馆2层售票处进行核实入馆。馆内4D影院、天象馆须另行购票，免费日当天不提供人工讲解服务。

Follow Me 上海深度游

❹ 海员馆—军事航海馆

海员馆主要展示与海员工作、生活紧密相关的实物、文献。位于展馆中心的航海模拟器以大型集装箱船驾驶室为模拟器原型，生动展示现代化船舶驾驶工作的特点，使观众通过主动操纵船舶，体验一回当船长的感觉。

军事航海馆分为中国人民海军建设和军舰知识两大展示内容，重点展示了各类军舰模型、海军军旗及海军军装，高仿真复原了潜艇指挥舱。室外陈展了舰载火炮等实物。

攻略

1. 2层南侧有一个天象馆，是一座具有天象演示和球幕电影双重功能，集教育与娱乐为一体的高科技数字穹幕影院，影片放映时，观众将会被穹幕包围其中，感受到变化万千、栩栩如生的万千气象。

2. 馆内还有一个4D影院，在影片放映时，观众通过偏振光眼镜可以看到在环形银幕上形成的立体影像，动感座椅根据影片的故事情节做出多种特技效果，如坠落、震荡、捅背、吹风、喷水、扫退等，非常刺激。

攻略

食宿 吃喝住行轻松搞定

博物馆一层设有观众餐厅，午间提供中式简单餐车小食；咖啡吧提供各类的咖啡、茶水等。

博物馆位置较偏，参观这里的话最好提前在附近的酒店住宿。附近酒店有上海如家商旅酒店（上海临港海洋公园滴水湖店）（地址：浦东新城南汇新城水芸路441号）、维也纳国际酒店（上海滴水湖海洋公园店）（地址：临港新城康乃馨路22号近滴水湖）、锦江之星（上海临港新城店）（地址：临港新城主城环湖西二路960号）等。

上海天文馆
探索宇宙的奥秘

微印象

@小疯子：听说是全世界建筑面积最大的天文馆，这里让人感受到宇宙的浩瀚与伟大。星空浩瀚无比，探索永无止境。

@对角线：里面很大，展览的内容也非常有意思，能够真正做到在玩乐中学到丰富的知识。

门票和开放时间
门票：参观票30元，球幕电影票40元。建议在微信公众号提前预约。
开放时间：周二至周日9:30~16:00（15:00停止入场），周一闭馆。

进入景区交通
位置：浦东新区南汇新城镇临港大道380号。
交通：乘坐地铁16号线在滴水湖站下即可到达。

景点星级
美丽★★★　　浪漫★★　　刺激★★　　休闲★★★★　　特色★★★★　　人文★★★★★

Follow Me 上海深度游

　　上海天文馆占地面积约5.8万平方米，主建筑以优美的螺旋形态构成"天体运行轨道"，独具特色的圆洞天窗、倒转穹顶和球幕影院这三个圆形元素构成"三体"结构，共同诠释天体运行的基本规律。室外绿化勾勒出星系的旋臂形态，与"星空之境"公园自然衔接，充分体现了建筑与生态的有机融合。

　　馆内还藏有约70件陨石样本与超过120件/套文物藏品，并配有四大专业级天文观测及天象演示设备。

❶ 倒穹顶

　　倒穹顶是天文馆的主体建筑之一，它的中庭顶端为巨大的倒置玻璃张拉结构，由直径约45米的倒覆的铝合金球形网壳结构托起，从而引导日光透过穹顶的天窗洒向中庭。倒穹顶的底部悬吊着用于显示地球自转的科学装置傅科摆，远远看去，720度长螺旋形坡道环绕在四周盘旋上升，让人惊叹不已。此外，在倒穹顶的上部屋顶，还设有观星平台，可以同时容纳约40人在平台进行观测。

❷ 球幕影院

　　馆内的球幕影院是一个巨大的球体，其内径23米，外径30米。有趣的是，球体建筑有一半悬浮于地面之上，依靠球体侧面的6个支撑点与下方的混凝土壳体相连。球体与壳体之间，形成一道圆环，日光可以从圆环处洒向室内，然后在室内的地面上形成"日蚀"。这个巨大的球体内部，配有8K分辨率球幕投影系统、高级激光表演系统和舞台表演系统，用于播放各类影片。

攻略

1.《苍穹》时长20分钟,从宇宙混沌之初开始叙述人类在星光的指引下,从古老文明的神话到探究自然法则,深入了解自然、了解宇宙的过程。

2.《看不见的宇宙》时长25分钟,人类需要仪器去探索宇宙并把发现的奥秘告诉我们。我们发明研制的各种仪器是我们探索宇宙的另一双眼睛,让我们能够去发现并探索未知的宇宙。

3.《时间旅行》时长25分钟,通过时间旅行见证宇宙的诞生。从人体的生物钟、日晷的日影到地球上生命的历史,都在时间旅行中展现。影片还讲述了恒星的生命、大爆炸、黑洞、引力造成的时间扭曲。

❸ 三大主题展区

天文馆主展区包括"家园""宇宙""征程"三个部分,全景展现宇宙浩瀚图景,打造多感官探索之旅,帮助观众塑造完整的宇宙观。

"家园"展区从久违的星空开始,以国际上最先进的光学天象仪带领参观者驻足仰望璀璨的星空,随后步入太空,惊叹于巨大的地球、月球和太阳,漫步太阳系,欣赏珍贵的天降陨石,进而直面银河系的壮美,了解我们在太空中的方位。

"宇宙"展区从时空、光、引力、元素和生命五个维度全景式地呈现宇宙的奇妙现象,众多互动展项展现天体演化及运行的法则。

"征程"展区则构建了一条璀璨的科学明星之河,展现人类探索宇宙的伟大历程,以及对未来天文发展和航天探索的美好憧憬,启发观众深刻的思考和感悟。

亲子研学

走近浩瀚宇宙

展馆以"塑造完整宇宙观"为愿景,打造了"家园""宇宙""征程"三个部分,适合各年龄段的人们来这里一探究竟,带着好奇心,去感受星空,理解宇宙。比如"家园",在无边无际的宇宙中,人类深居一隅,在这颗蓝色星球上建立起家园;"宇宙"这两个字总能引起人们无限的遐想,那里有星河,有黑洞,让人想探知何为永恒;"征程"展区全景式展现人类探索宇宙奥秘的漫漫征途,值得一提的是,有我们中国人自己的嫦娥探月、天空实验室和火星探测计划。

Follow Me 上海深度游

④ 特色展区

天文馆还在其他区域分散式地安排了"中华问天"（中国人的天文探索历程）、"好奇星球"（儿童乐园）、"航向火星"（科幻体验）等特色展区，以及星空探索营、陨石/创客实验室等教育活动区。

小贴士

上海天文馆会定期推出相关的活动、剧场、课程、展项等内容，通过多种方式让参观者领略浩瀚宇宙的无限魅力。

攻略

特色展区馆藏大约有70件陨石展品，包括月球陨石、火星陨石、灶神星陨石，且以目击陨石为重要收藏目标，收藏有曼桂陨石和陨石坑，以及中国随州陨石、鄄城陨石、那曲陨石等，一定不要错过。

浦 东|

攻 略

住宿　驴友力荐的住宿地

上海天文馆周边的住宿较多且以经济便捷的快捷酒店为主。

全季酒店（上海滴水湖云鹃路店）：位于上海市浦东新区云鹃路795号，与16号线地铁站和天文馆仅差步行距离，交通便利，出行便捷。

锦江之星（上海临港新城店）：位于上海市临港新城主城环湖西二路960号，地处上海东南角，毗邻东海，周边景点环绕。

美食　饕餮一族新发现

上海天文馆内的银河补给站就是一间餐厅，里面有很多味道不错的美食。颇具特色的是里面很多美食都做成了星球的模样，不仅好吃而且好看。

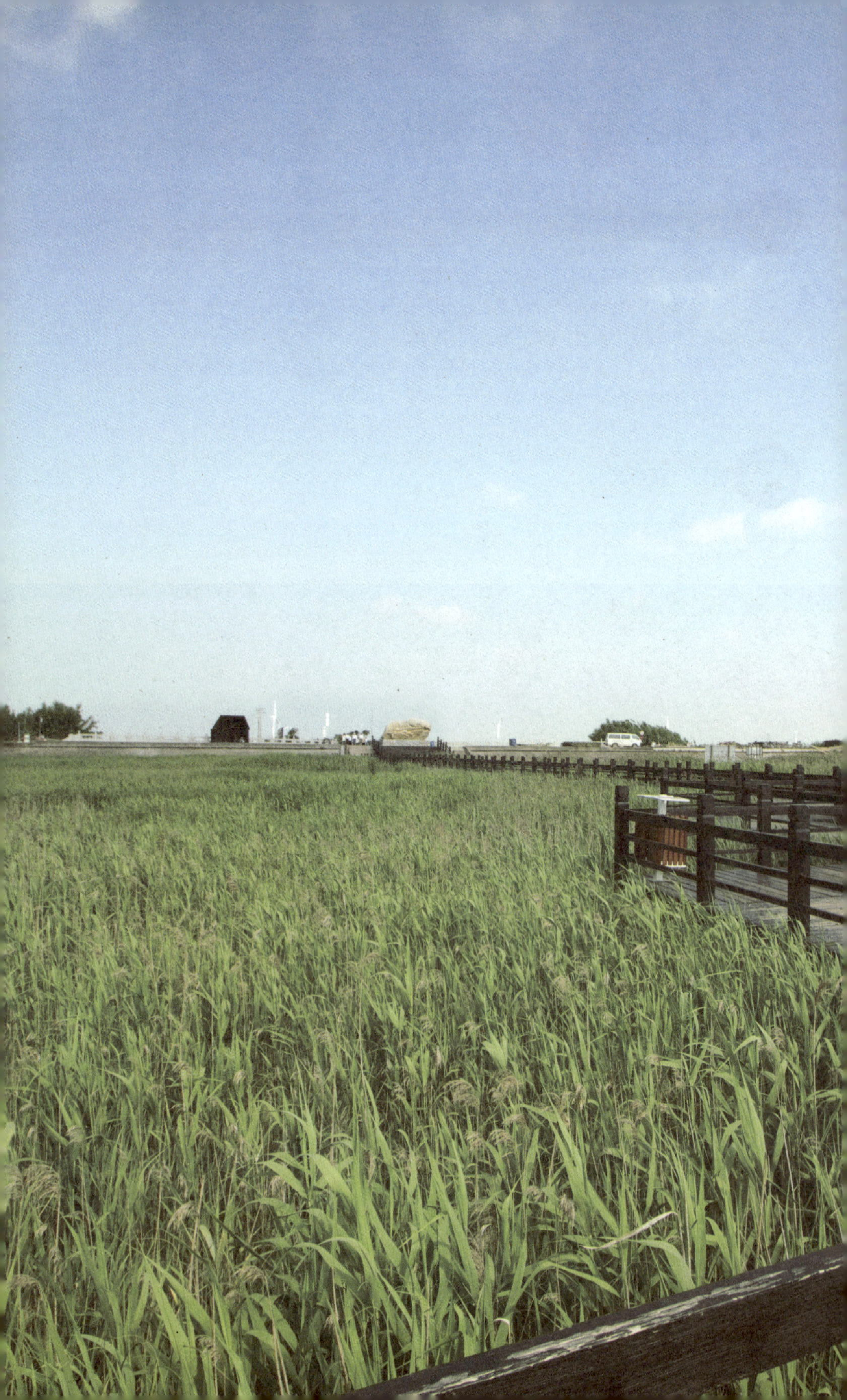

第4章
崇明岛

东平国家森林公园
前卫生态村
东滩
长兴岛
横沙岛

上海深度游
Follow Me
慢旅行的倡导者

东平国家森林公园
回归大自然的最佳胜地

微印象

@凯燕 东平国家森林公园是目前华东地区最大的平原人造森林，也是上海地区规模最大的森林公园，公园很漂亮，特别开阔。

@美丽人生 公园内森林繁茂、湖水澄碧、野趣浓郁、环境优美，在里面人们可以和大自然和谐相处，让人流连忘返。

门票和开放时间
门票：旺季70元，淡季60元。公园内部分项目须另外收费。
开放时间：8:00~17:30。

最佳旅游时间
春、夏、秋三季来东平国家森林公园游玩较为适合，此时气温适宜，空气清新，还方便野外烧烤就餐。

进入景区交通
位置：上海市崇明区北沿公路2188号。
交通：1.乘坐南东专线、南江专线、南同专线均可到达。
2.自驾：外环线/中环线（翔殷路隧道）—五洲大道—上海长江隧桥—陈海公路（堡镇至城桥方向）—蟠龙公路（向北）—北沿公路（向西）—崇明东平国家森林公园。

景点星级
美丽★★★★★　浪漫★★★★　刺激★★★　特色★★★　休闲★★★　人文★★★

崇明岛

东平国家森林公园的前身是东平林场，公园内森林繁茂、湖水澄碧，其中素有"活化石"之称的水杉为公园的主要树种，几乎遍布了公园的每一个角落。公园内野生动物资源也极为丰富，有蛙、蛇、獭、兔等几十种爬行类、两栖类、哺乳类动物，更有近160种候鸟、留鸟栖息于丛林中，特别是白鹭、灰鹭、中华白鹭等鹭鸟种群规模庞大，更有凶猛的鹰、隼等时常出没，充满野趣。

此外，公园内还开辟了桂花园、梅花园、樱花园、枫园、月季园等园中园，徜徉其中，犹如进入世外桃源，令人流连忘返。

小贴士

在东平国家森林公园，不仅能休闲还有娱乐，可以参加的特色项目有草上飞、森林滑草、岩上芭蕾、攀岩，还可以打网球、射击、骑马、开卡丁车、参加森林童话园及增强团队协作精神的森林定向活动等。

攻略

1. 公园西北处有一个沙滩浴场，环境清幽，景致怡人。浴场同时有烧烤、沙滩排球、风筝放飞、野营等活动项目。

2. 公园的北侧有攀岩场，这里岩墙高耸，地势开阔，两条国际标准的赛道全国屈指可数，全国第六届攀岩锦标赛也曾在这里举办，如果想实现挑战自我的梦想，不妨到这里来试试。

公园气势雄伟的大门由上海园林设计院设计，线条与结构突出显示了以杉树为中心的森林优美的自然景观。

荷兰风车临湖（水杉湖）、背园（原野乐园），面对大草坪，周围环境优雅，闹中取静，在蓝天、白云、绿树、翔鸽的映衬下，有一种掩饰不住的美，欧陆风情，赫然眼前。

知青纪念墙是公园内一处独特的人文景观，是崇明人民为纪念20世纪六七十年代来崇明奋斗的22万上海知识青年而建造的，总体建筑由雕塑、浮雕、纪念墙组成。

森林童话园是孩子们的天堂，同时也是大人们追忆童年、重温童年生活的一个好去处。森林童话园的建设以粗、野、原始为特点，充分利用林中出产的原木为建筑用料，不加雕琢修造而成，充分体现了自然与人融洽完美的意境。

动物林则是动物的天堂，林中的十几种动物基本都处于圈养状态，游人可以喂养它们，与孔雀合影、与小鹿嬉戏，感受人与动物和谐融洽的氛围。

Follow Me 上海深度游

攻略

1. 公园内有彩弹射击活动，是一种模拟军事实弹演习，射击场内壕阔沟深、树木错落，交战双方身穿迷彩服，手握彩弹枪，在树林中"追击捕杀"，很有在战场上的感觉。

2. 在公园内还可以进行滑索运动，滑索直线距离160米，至高处离地面约16.5米，中间经过草坪、小河到达终点。

3. 公园内还有上海地区唯一的一家滑草场，滑草场占地面积10000多平方米，坡高10多米，草地平展，滑起来既安全又刺激。

4. 公园内有骑马场，马场内有专业人员提供服务，确保游客安全，可以在这里租一两匹马，骑着或牵着，在林中漫步，体验一般人体会不到的乐趣。

东平国家森林公园示意图

- 森林沐浴
- 沙滩排球
- 游泳池
- 烧烤区
- 狩猎区
- 攀岩
- 滑草
- 水车乐园
- 赛车
- 鹿香场
- 山头场
- 阳光浴场
- 碰碰车
- 原野乐园
- 激光射击
- 卡丁车
- 望湖酒家
- 高架车
- 观光果园
- 知青墙
- 骑马场
- 跑马车
- 东平奶牛场
- 知青沙龙
- 迷宫
- 会议中心
- 瞭望塔
- 天鹅湖
- 飞机观赏
- 郁林酒家
- 管理中心
- 彩弹射击
- 动物林
- 公园大门
- 商业街
- 花卉基地
- 森林度假村
- 宝岛度假村
- 财税宾馆
- 网球场
- 根宝足球基地
- 上海市青少年野营基地
- 观光果园

崇明岛|

森林公园高尔夫练习场东西长约250米，南北宽100米，面积为3万多平方米，30个打席位，是目前华东地区最大的平原人工森林高尔夫练习场，也是上海最大规模的公园内森林高尔夫练习场。

阳光下，草地平展，绿树静立，木屋在那坡的顶端，四周弥漫着草的芳香，在这样的环境里，随便找一片草地躺下，接受阳光的沐浴，胜似人间天堂。

小贴士

出公园大门后可能会有人跟上来说可以帮忙找车，不用理会，门口有中巴可以直接到南门码头。

点赞

@劳资S宝 都说这里是天然的绿色氧吧，畅游其中，空气确实不错。公园里有自助烧烤，有滑草，有卡丁车，约上一群朋友，带点各式美味，选个晴朗温暖的天气，开着小车来这里踏青游玩，确实是非常惬意的一件事情。

@dayishujia 第一次来这个地方，顿时被吸引了，环境很宜人，建筑好漂亮，很温馨，很有小洋房的味道。

Follow Me 上海深度游

攻略

景区交通 — 游遍景区不犯愁

公园很大，可乘坐公园游览车或者租辆自行车进行游览，景区游览车电瓶车30元/圈，自行车20元/小时。

住宿 — 驴友力荐的住宿地

公园附近有滨江度假村、宝岛度假村、前卫农家村及一些酒店可以提供食宿，公园南侧的宝岛度假村被大片森林、草地环绕，环境清幽，空气清新。度假村内还有餐馆、客房、会务、购物、娱乐和体育活动等设施，非常方便。

另外，也可以在公园内租帐篷，在指定的帐篷区（烧烤区边上）过夜。

美食 — 饕餮一族新发现

崇明当地美食有崇明老毛蟹、崇明白山羊、白扁豆、金瓜、鳗鲡、刀鱼、河豚、崇明甜包瓜、芦笋、崇明银鱼等，在宝岛度假村的餐厅内可以吃到。前卫农家村内还有正宗的山鸡和其他的农家菜，喜欢吃农家味的可以选择在这里就餐。

前卫生态村
远离城市喧嚣

微印象

@幻王虎 前卫村环境很不错，里面有很多农家乐，每户都有两个大房子，在自家的院子里养螺丝、养狗，在房前院子里面的花园种一些菜，很有农家感觉。

@XIAH三三 印象深刻的是村内的根雕馆，是用各种树根做成的艺术品，很考验手艺。古村里还有水车、纺纱、推磨等，踩了一会儿水车，深切地感受到过去农民浇灌田地的不易。

@唯爱逗号 除了欣赏农家景色之外，村子里还能看到踩高跷的及现场纺织等，挺有意思的，里面的农家菜也很地道。

门票和开放时间
门票：免费。开放时间：全天开放。

进入景区交通
位置：上海市崇明岛北部，紧临东平国家森林公园。

交通：

1.公交：可在宝杨路码头乘坐高速船至南门港，换乘南东线至前卫生态村下。

2.自驾：上海—上海长江隧桥—陈海公路—蟠龙公路—北沿公路—林风公路—前卫生态村。

景点星级
美丽★★★★　特色★★★★　休闲★★★★　刺激★★★　浪漫★★★　人文★★★

Follow Me 上海深度游

前卫生态村紧临东平国家森林公园，从前只是一片荒凉沉寂的小村，如今已经发展成了既有城市风光又有田园诗意的农家生态村。

前卫村内由木化石馆、瀛农古风园、香草花园、清洁能源展示区、野生动物园幼兽驯养基地、生态循环链基地、休闲垂钓中心等多个景点组成。村内树木成林鸟语花香，花果绕村争香斗艳，众多观光景点千姿百态，漫步绿茵深处健身苑之间，疑是桃花源中行，使人感到与自然的高度和谐。而且，村内民风淳朴，邻里和睦，热情好客，农家菜肴味香可口，是一处远离都市的绿色村庄。

小贴士

前卫村休闲广场山上有休闲木亭和长廊，山下两侧设有勇敢者道路和鱼池，广场中央还建有约4000平方米的露天舞台。另外，广场还有灯光篮球、网球、足球场和健身场地，这些都是村民和游人们锻炼健身的好去处。

❶ 根雕馆—木化石馆

根雕馆馆内分休闲、自然景观、动物造型和人文景观4个展区，共展示了中国当代根艺大师范敬贵先生近10年来创作、收藏的160余件艺术品。范敬贵根艺以真、善、美为准则，采撷根艺界百家精华，寻根在古老而文明的深山，化腐朽为神奇。其作品风格为：九分天材（才），一分汗水；木头不脑（瑙），返璞归真。

前卫生态村示意图

（图中标注：农业废弃物综合利用中心、生态畜牧养殖基地、有机农业观光区、上海前卫科普培训中心、太阳能光伏发电站、全国生态科普教育基地、前卫变电站、生态河水处理站、环境监测中心、❶木化石馆、中国奇石馆、根雕馆、垂钓区、生态休闲广场、古竹园、游泳池、玉壶冰公寓、野生动物幼兽驯养基地、骑马场、鸳鸯楼、烧烤区、跳舞机、卡丁车、海盗船、❷香草花园、❷瀛农古风园、游船码头、越野卡丁车、铜牛广场、三轮车自行车出租处、警务室、农副产品集贸市场、接待中心、村委会、电瓶车出租处、北横引风公路）

木化石也称硅化木，是侏罗纪时代的树木经过"造山运动"和"地壳运动"长年累月的风化和地质演变的植物化石。它们个个奇妙无比，魅力壮观。走进奇石馆，可以看到我国著名的四大石类：灵璧石、太湖石、昆石和英石。这些展品呈现五彩斑斓、高贵典雅，还有憨态可掬的宠物石、惟妙惟肖的飞禽走兽石、形神兼备的人鬼仙佛石等。

攻略

1.游人可在村内的动物天地看百鸟鸣唱、鹦鹉学舌，看顽猴戏耍、孔雀开屏、猫狗欢奔，别有一番情趣。

2.如果想要了解古代的生活，可以到瀛风古农园，这是仿清末民初海岛农舍建成的。村内展示的水车、推磨、纺车、布机、轿子、独轮车等传统生产工具、生活用具，反映出崇明历史演进和生产力的发展过程。

3.由鸳楼和鸯楼组合而成的鸳鸯楼是著名的前卫村小木屋，登高远望，全村景色尽收眼底，是摄影的最佳地点。楼内还有前卫村村史馆。

❷ 瀛农古风园—香草花园

瀛农古风园是崇明岛从古到今农舍的缩影，占地面积约8000平方米，分南北两个景区。整个景区由东向西分成4进（4区）4景，每进都有一个独立的主题，一区为"结庐拓荒展示区"（唐朝），二区为"渔盐兴盛展示区"（宋、元），三区为"田园科技展示区"（明、清），四区为"农家古风"（综合）。

香草花园位于百亩生态循环科技园内，是前卫生态农业最早形成的生态循环链。园内从国内外引进薰衣草、迷迭香、洋甘菊、百里香、香叶天竺葵等几十种芳香植物种植，形成了景色诱人、硕果累累、芳香缭绕、休闲观赏的香草花园。

攻略

1.游人可在香草花园内的DIY芳香植物馆里参与提取精油、香包/香皂DIY制作、干花贴画、鲜花/水果采摘、品尝香草料理等各种不同的主题活动。

2.村内还有个休闲垂钓中心，占地33000余平方米，视野宽广，游人在清澈的池塘边怡然垂钓，呼吸新鲜空气，悠闲自在。

奇石馆

崇明岛 I

攻 略

景区交通 游遍景区不犯愁

观光车：村内有观光车，可乘坐观光车游览村内景观，价格：100元/（人·圈）。

住宿 驴友力荐的住宿地

前卫村健身苑既是村民健身娱乐的活动场所，又是游客旅途休憩、交流情感、享受农村生活气息的一个驿站。其西侧为农家乐旅游接待户，共有400多张床位，前卫村小木屋是这里住宿的一大特点，小木屋的住宿价格为180元~1800元。

上海六加伊农家乐：位于前卫村纬十路，农家乐周围有田园风光，在这里可真正与大自然零距离贴合。

上海海上花岛生态度假酒店：位于前卫村805号，酒店以粉墙、黛瓦、马头墙等众所熟悉的徽派建筑为特色，室内的设计风格着重于体现徽派中独特的美学，酒店内饰以花诠释惬意雅致，客房随四季之景色而留色。

美食 饕餮一族新发现

前卫村有乌龟炖老鸡、黄鳝、红烧白山羊、清蒸崇明老毛蟹、金瓜丝、崇明鳗鲡、清蒸刀鱼、芋艿炖鸭、芋艿红扁豆等各色崇明特色农家菜，每家农家乐里都有餐厅，提供200元以上不同标准套餐包桌，酒水饮料齐全。

东滩
野性的风情

微印象

@hosomiyusuke 夕阳下，一望无际的芦苇在大风的吹拂下，像绿色的海洋，让久在城市的人们心灵得到放松，那种心情无法用词汇去形容，只能自己去感受。

@Wu线芯 很原生态的地方，可以看到成群的候鸟起飞，而且环境也很好，空气非常新鲜，芦苇丛拍照很有感觉。

门票和开放时间

门票：东滩湿地公园平日50元，双休日和节假日80元。鸟类科普基地免费（需在微信公众号"崇明东滩保护区"提前预约）。

开放时间：东滩湿地公园 8:30~17:00，16:30停止入园，周一不开放。鸟类科普基地周一闭馆。

最佳旅游时间

每年春秋两季时是游览这里的最佳时间，此时候鸟迁徙，群鸟飞舞、天鹅游弋，被列入国家保护之列的珍稀候鸟就有130多种，边境鸟类数量约为100万种。

进入景区交通

位置：崇明岛陈家镇，东滩湿地公园入口在东旺东路上。鸟类科普基地入口在东旺东路尽头。

交通：1.自驾：自驾车可到东滩湿地公园西门停车场泊车。游览完湿地公园徒步可达鸟类科普基地。
2.直接去鸟类科普基地，需先到达长江路访客中心，乘坐接驳车在大石头乘车点下车徒步前往展馆。

景点星级

浪漫★★★★★　美丽★★★★　特色★★★★　休闲★★★★　刺激★★★　人文★★

崇明岛 |

崇明东滩鸟类国家级自然保护区，位于长江入海口，崇明岛东端，面积约242平方千米。东滩是由长江里的泥沙不断淤积而成的，这里水洁土净，有一望无际的芦苇荡，水产丰富，更是野生鸟类乐园。春秋两季时这里群鸟飞舞，已记录到的鸟类有364种，每年在此栖息或过境的候鸟超过100万只次，场面极其壮观。

1 东滩湿地公园

公园内有湿地景观区、湿地生境修复区、水禽栖息地、雨水收集区几大区域，可以看到辽阔的芦苇丛以及湿地湖泊。公园内种植了大量崇明当地土生土长的植被，如竹子、赤槐、乌桕、水葱、菖蒲等，这不仅形成了错落有致的景观，也为鸟儿带来了栖息的佳地。从最新的监测情况来看，目前湿地公园内已经发现了112种野生鸟类，包括国家二级保护动物小鸦鹃、白胸苦恶鸟、黑水鸡等，此外，公园还是国家一级保护动物扬子鳄野放种群的重要栖息地。

攻略

1. 观鹭台昂位于公园中部的一幢两层木质结构的草顶建筑，视野开阔，是公园内观鸟的最佳处，观鸟期间请勿大声喧哗以免惊扰鸟类，勿随地抛扔垃圾。公园内有手划船，可近距离观水鸟。
2. 位于公园东南部的芳草地设有茶座，提供休闲咖啡茶点，并设有垂钓和烧烤项目，垂钓每次30元（含渔具及钓饵），时间不限，垂钓区也提供烧烤服务，炭炉租赁30~50元，套餐58~128元。
3. 到东滩观鸟最佳时机是早晨，早晨既能观鸟又能观日出，一举两得。海边风大，请注意保暖防风防晒。

点赞

👍 **@星级芭比** 公园内空气格外清新，风景也很别致，放眼望去全是绿色，还有各式各样的鸟类，到处是鸟语花香，别有一番风味。

👍 **@奇妙味觉** 景区门口有很多不知名的小花，秋天的绿草地，木式结构的小屋，还有大风车，构成一幅美丽的图画，美不胜收。栈道两旁的芦苇荡很有意境，很开阔，走着很享受。

2 东滩鸟类科普基地

2024年，中国黄（渤）海候鸟栖息地成为世界自然遗产，崇明东滩鸟类国家级自然保护区作为其重要组成部分，为上海世界遗产实现了"零的突破"。近年来，保护区兴建了鸟类科普基地，包括四个展馆：一号馆"生命之源"馆，是申遗主题馆，主要介绍保护区的基本情况，是具有国际重要意义的生态敏感区；二号馆"生命驿站"馆主要功能为自然教室，用于开展自然教育及科普宣传活动；三号馆"生命之旅"展馆以保护区主要保护对象——迁徙水鸟为主题，通过3D、多媒体形式，展现鸟类艰辛的迁徙历程；四号馆"生命映像"展馆按照鸟类在崇明东滩的主要栖息地类型展示了近250种鸟类、80种鱼类、20种底栖类标本。

东滩湿地公园是由长江冲积而成的沙岛,这里是候鸟理想的栖息场所,盛夏时白鹭成群,金秋时芦花飞絮。

Follow Me 上海深度游

攻略

景区交通 — 游遍景区不犯愁

1. 电瓶车：景区入口处距离观鸟区还有约2千米的路程，可以乘坐电瓶车前往游览，往返车费20元。
2. 自行车：景区内也设有自行车租赁点，价格为2小时30元。

住宿 — 驴友力荐的住宿地

景区距东平国家森林公园对面的宝岛度假村很近，游览完毕后可去度假村住宿。此外，也可返回崇明陈家镇住宿，推荐崇明喜来登酒店（地址：崇明区揽海路2888号）、崇明瀛东度假村（地址：崇明区陈家镇瀛东村）、上海江海美宸公寓（地址：上海市崇明区团旺中路轻纺新村8号）。

美食 — 饕餮一族新发现

东滩湿地公园内的观海楼设有餐厅，提供具有公园及崇明风味的特色菜肴，也可观完鸟后回到陈家镇吃饭。陈家镇是崇明最大的蟹市，也是中国最大的蟹市，上海的蟹大部分来自陈家镇，在镇上随便找一家饭店就可吃到便宜又新鲜的海鲜。

行程推荐 — 智慧旅行赛导游

步行（自行车游览车）线路：候鸟保护区—湿地公园访客中心—湿地万象馆—地震馆—观鹭台—雀鸣渡—漪水苑—芳草地—观海楼—科研站—访客中心。

船游线路：湿地公园访客中心—湿地万象馆—游船—观海楼—芳草地—观鹭台—雀鸣渡—漪水苑—地震馆（科研站）—访客中心。

特别提示

❶ 不要在保护区内饲喂动物和野鸟，也不要接触野鸟，更不要用任何方法驱赶或诱引抓捕动物。

❷ 因保护区内有大量的芦苇，比较易燃，一定要注意防火，不要在防火区域内动用明火。

长兴岛
长江入海口处的"绿色翡翠"

微印象

@Cheerful Deer 看日落日出、漫步长长的无人街道、坐在海边发呆、呼吸新鲜空气，或就想到个陌生的环境转转，长兴岛绝对是一个好的选择。

@yanjie1010 长兴岛不光风景好，岛上的居民也非常热心，很乐于帮助其他人，让人感觉很舒服，值得一游。

@geneandu 对于上海这样的大都市来说，长兴岛绝对是一处不可多得的世外桃源。周末坐上轮船过长江，到树林茂密的绿地去游玩一番，呼吸新鲜空气，直接接触大自然，非常难得。

门票和开放时间
门票：免费。开放时间：全天开放。

最佳旅游时间
以秋季最佳，每年秋季长兴岛会举办柑橘艺术节，届时会吸引成千上万慕名而来的游客观景品橘。

进入景区交通
位置：上海市崇明区长兴岛。
交通：乘坐公交车1731路、长南线、陈凤线等公交车，在长兴岛枢纽站下，步行可达。

景点星级
美丽★★★★★　刺激★★★★　浪漫★★★★　特色★★★　休闲★★　人文★★

Follow Me 上海深度游

　　长兴岛位于崇明岛的南面，自然环境极佳，是上海大都市里的一方净土。长兴岛三面临江，一面临海，全岛面积约76.32平方千米，远离外界的污染源，生态系统完善，大气清新度维持在一级水平，被誉为镶嵌在万里长江入海口的"绿色翡翠"。

　　岛上景点主要有上海橘园、蒙古村跑马场、垂珠园、上海特技城、先丰度假村、石沙野生动物园、绿岛芦荡迷宫、星岛度假乡村俱乐部等，每到深秋季节，岛上举办的上海柑橘节丰富多彩，届时热闹非凡。

攻略

1.长兴岛由于是一个近海的城市，建议在这边住上一晚。晚上，可以去江边欣赏"落霞与孤鹜齐飞，秋水共长天一色"的美景，体验王勃笔下的优美境界，也可以在滩涂上拾贝壳、寻螃蟹。

2.这里还是许多水禽的重要繁殖地和越冬地，包括大多数东亚珍稀种类或地方种类，如长嘴鹬、红胸鹬、红腰杓鹬、小青脚鹬、孤沙锥、半蹼鹬、细嘴滨鹬和勺嘴鹬等，喜欢鸟类的朋友们可以在春季或冬季时上岛参观。

❶ 长兴岛橘园

　　长兴岛是有名的"柑橘之乡"，游人在这里既可享受芦荡泛舟、橘园赏橘和采橘的独特乐趣，又能在滩涂上拾贝壳、寻螃蟹，或去江边欣赏"落霞与孤鹜齐飞，秋水长天一色"的绝妙美景。

　　长兴岛橘园处于岛中部，是前卫农场万亩橘园中的一片精品园地，园内种有柑、橘、橙、柚4大类60多个品种的10000多株果树，堪称国内柑橘品种之大全，故有"长江第一园"之称。园门东侧有情趣盎然的盆景园圃，西侧为构思巧妙的柑橘文化长廊。每当春末夏初，喷香扑鼻的洁白橘花遍散绿叶之间；深秋季节，金黄色的果实垂挂树枝之上，非常具有诱惑感。

攻略

1.橘园还设有品种园、自采园、生产园、丹橘大观、橘文化走廊、观橘亭、蒙古村、海螺馆、盆景园、跑马场等景点和设施供人欣赏。

2.长兴岛先丰村内有一个垂珠园，具有江南古典园林的特色，园内果园占地约66万平方米，大多为柑橘，是秋季赏橘、采橘的绝好去处。

崇明岛 |

❷ 绿岛芦荡迷宫

　　绿岛芦荡迷宫分为划船区、嬉水区、垂钓区三大游区。划船区内有千亩芦荡，河汊纵横曲折，游人划着小船转悠其间，漂漂荡荡，不见尽头，野趣油然而生；嬉水区是一个天然泳场，池水来自长江之畔，碧波澄澈，水面波光粼粼，犹如芦荡之中的清水湖泊；垂钓区片片鱼塘之中，既有野生鱼虾，更有人工放养的各种鱼，不失为垂钓爱好者投身大自然、陶冶情操、养身修性的佳地。

> 点赞
>
> 👍 @萌萌网 岛上空气很好，吃完农家菜后可以去橘园内进行采摘，还可以去橘园的拓展基地去玩玩，一天玩下来很尽兴。
>
> 👍 @jessica 长兴岛比较远离市区，很适合平时工作忙碌的人休息时来这里放松一下，吃吃农家菜，住住农家屋，摘摘橘子，挺不错的。

Follow Me 上海深度游
攻略

住宿　驴友力荐的住宿地

长兴岛上住宿非常方便，有宾馆、家庭旅馆和连锁酒店可供选择。

开元名庭酒店：酒店位于长兴岛郊野公园内。酒店设有餐厅，拥有简洁明亮的空间，提供中西结合的精致餐点。酒店内还有机器人，送货十分有新意，是度假的好地方。

锦江都城酒店（上海长兴岛店）：位于上海市崇明区长兴镇凤滨路59号，毗邻横沙渔港码头，地段繁华，在酒店对面就是美食街。

上海长岛庄园：位于长兴岛凤凰公路1589号，酒店四周绿色环抱，内部环境清新优雅，有着十分有特色的独栋小楼，整体环境相当舒适。

美食　饕餮一族新发现

长兴岛水产资源丰富，鱼种达100多种，有凤尾鱼、回鱼、刀鱼、鲈鱼、海蟹等，四季均能品尝。另外，岛上还有农家乐可提供各种农家菜。

侬趣小院：餐厅装修很不错，主营农家菜，推荐炒螺丝、长江虾、毛蟹。地址：崇明长兴岛长明村12组678号。

桔园农庄：是上海周边游休闲度假的好去处，是一个集吃饭、住宿、会议、团建为一体的农庄。在这里吹着海风，赏着海景，感受着田园之美，好不惬意。地址：崇明区前卫支路565号。

众和小菜：是一家适合朋友小聚的一家餐馆，他们家的"牛气冲天"味道还不错，菜的用料新鲜，是一家性价比较高的店。地址：长兴岛丰康路22号。

横沙岛
长江东口的"绿岛"

微印象

@阿道夫阿斯顿 从小时候就经常和爸爸一起去，岛上人很少，空气很新鲜，很喜欢横沙岛原生态的感觉。

@漫雨飘潇 横沙岛是很小的一个岛，岛上空气非常好，是修心养身的好地方。

@jessica8709 横沙岛是上海近郊的一个小岛，岛上人烟稀少，满眼的绿意盎然，坐在海边吹吹海风，看看白云，很有远离喧嚣的感觉。

门票和开放时间
门票：免费。开放时间：全天开放。

最佳旅游时间
3~5月是春暖花开的时候，也是游览横沙岛最好的季节。6月中旬至7月上旬是梅雨季节，忽晴忽雨，这段时间不宜出游；8月底至9月上中旬是台风多发季节，常有瓢泼大雨，也不适宜出游。

进入景区交通
位置：上海市宝山区东北部长江口，西邻长兴岛，北邻崇明岛，西南邻浦东新区。
交通：乘坐横沙3号线在新民镇站下，步行可达。

景点星级
美丽★★★★★　浪漫★★★★　特色★★★★　休闲★★★★　刺激★★★　人文★★★

Follow Me 上海深度游

横沙岛位于长江口的最东端，岛的形状基本呈圆形，面积约50平方千米，从它开始浮出水面以来，就与江海为邻，与自然做伴。碧绿的农田、果园、翠竹环绕着红瓦白墙的村舍，成群的鸭子在池塘里幽闲地浮游嬉戏，水牛拉着大车"轱辘轱辘"在路边漫步，远处的水村鱼市飘出一缕缕炊烟……当你来到横沙岛，犹如走进一幅笔墨秀润、清淡雅致的国画之中。

春天，横沙岛上杨柳摇动长发，桃花争艳绽放；燕子低飞穿梭，水牛挥汗耕耘；母鸡率子觅食，羔羊呜呜呼娘。

夏天，横沙岛的海岸边，海潮卷裹着白花拍打着沙滩，海风携带着凉爽润拂着面颊；横沙岛的沙滩中，海贝羞于翻沙隐身，小蟹快步追浪嬉水。

秋天，横沙岛上遍地鹭鸟低旋啼鸣，螃蟹膏肥螯满，柑橘丰实香甜，稻穗随风浪舞。

冬天，蓝天下的横沙岛上成片的芦苇披着金色的长发，随风翩翩起舞；南巡的大雁携带着成群的儿女，翱翔在天水之间。

岛的东端，坐落着一家小有名气的安横沙岛度假酒店，一幢幢色彩艳丽的别墅点缀其中，村内各种健身娱乐设施一应俱全。在度假酒店以东，就是白浪连天的大海了，入住的游客，早起看日出，每每被旭日东升的壮观景象所陶醉。

春天，霏霏细雨中，可以在别墅阳台上品茶，临栏垂钓；夏天，可以在海滨享受日光浴，踩着海水在沙滩漫步，与友人共舞；秋时，这里是放风筝、观日出、送晚霞的好地方；冬季，正是长江名产刀鱼上市的季节，美食家们可不要错过啖鱼畅饮、大快朵颐的机会。

点赞

👍 @yvonne 人不是很多，但这正给了我们想要的安静，呼吸着新鲜的空气，坐在门廊处看看书，发发呆，惬意极了。

👍 @chasonr 和家人一起定了一套古典别墅，房间空间很大。比较难得的是可以骑马到海滩上纵马飞奔，这种感觉在市区是体验不到的。

崇明岛

攻略

景区交通 游遍景区不犯愁

横沙岛不大，可租辆自行车环岛游，一个半小时左右就可环岛一周。码头处有"一米单车"租车点，租车费用可按小时或按天计费，建议选择75元/天的支付方式，如租车可免费提供骑行头盔和环岛骑行手册。出发前最好检查车闸、脚踏板、座椅、头盔等物品是否完好，并检查轮胎是否有气。

住宿 驴友力荐的住宿地

上海安横沙岛度假酒店位于横沙岛东首，面临浩瀚东海，背依万里长江，内有各式别墅共30幢，宾馆标准客房30间，"水上人家"特色客房40套，全村可同时接待约500位客人住宿。

此外，度假酒店拥有面积达40万平方米的天然细沙滩，各类赛艇、游艇近百艘，华东首家高尔夫水上练习场，具有直道130米以上的国际标准卡丁车车道，草地越野卡丁、网球、沙滩排球、游泳池、桑拿、棋牌室、多功能会议厅等。地址：横沙岛东滨路2579号。

美食 饕餮一族新发现

根据季节的变换，来横沙岛不仅可以品尝特有的土特产及农产品，如长江刀鱼、凤尾鱼、河虾、中华绒螯蟹、白山羊、红鼻鸭子、糯田螺、散养土鸡、甲鱼、黄鳝、鳗鱼等，此外还有白扁豆、香芋芬、野生茭白头、野草头和圣瓜等绿色环保菜肴。

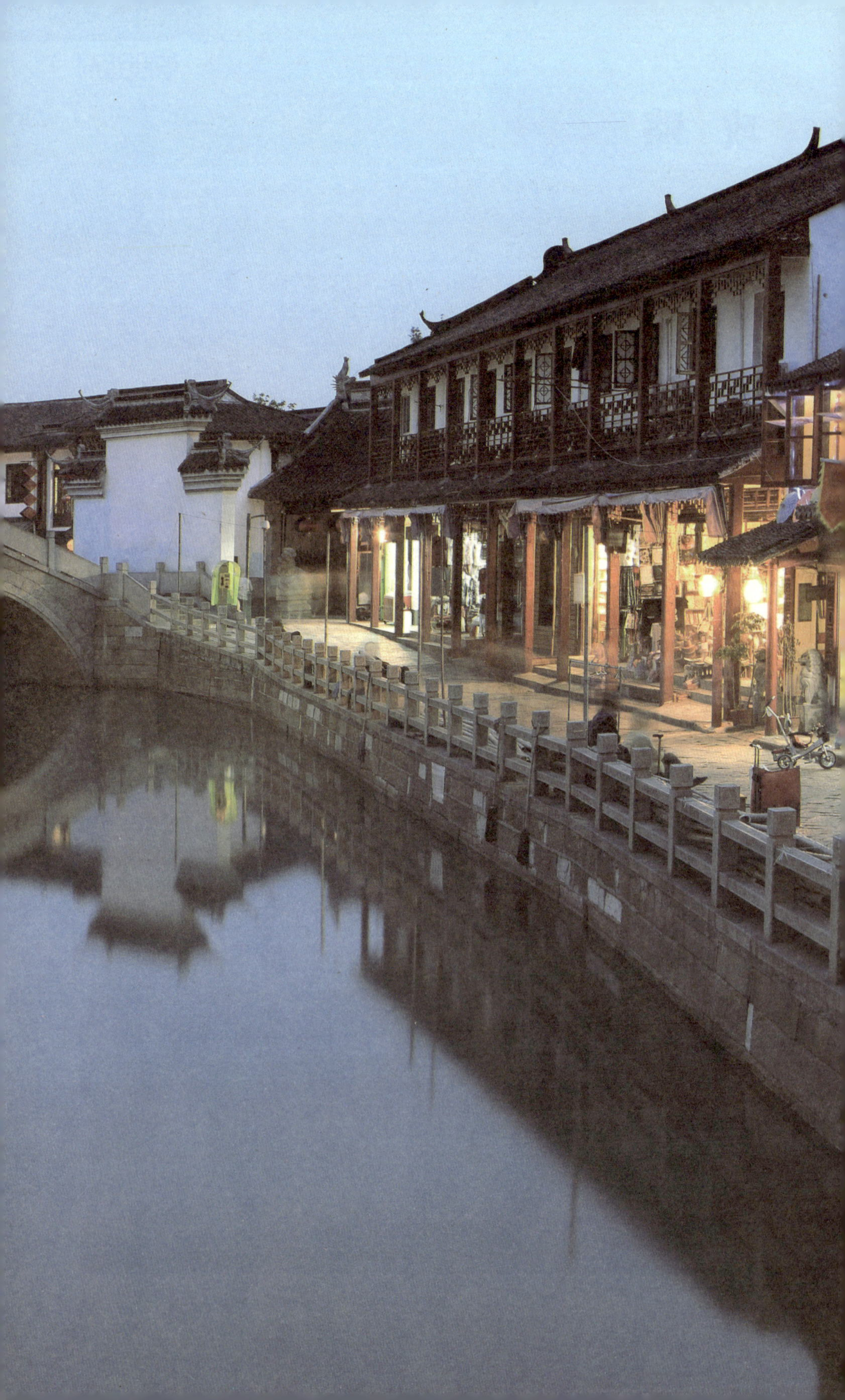

第5章
上海郊区

碧海金沙
枫泾古镇
佘山
松江古城
上海欢乐谷
淀山湖
朱家角古镇
嘉定古城
上海安亭国际汽车城

上海深度游
Follow Me
悠旅行的倡导者

碧海金沙
人工制造的"水上乐园"

微印象

@小小的溺爱 沙子是细细的金黄色，海水是碧绿的，光着脚踩在沙子上的感觉非常舒服，碧海蓝天的，让人相当放松。

@草莓巧克力小布丁 虽说碧海金沙是人造海滩，但风景很不错，空气也很清新，周末有空的时候经常来这里玩，能缓解工作的压力。

@风云缥缈 带着家人去碧海金沙玩，夏天在海滩的感觉真是一种享受，可以晒晒日光浴，可以和孩子一起堆堆沙堡，可以游泳，一家人各得其所，十分开心。

门票和开放时间
门票：65元。
开放时间：8:30~17:00。

进入景区交通
位置：上海市奉贤区海湾旅游区海鸥路39号。
交通：
1.公交：乘坐海湾一线、奉贤9路、海湾三线、海沈专线、莘海专线、南申线、南梅线可达。
2.自驾：上海—卢浦大桥（朝南走到底）—碧海金沙水上乐园。

景点星级
休闲★★★★★　美丽★★★★　浪漫★★★★　特色★★★★　刺激★★★　人文★★

上海郊区 I

碧海金沙坐落于奉贤区海湾旅游区，面向杭州湾，是奉贤新兴的水上娱乐天堂。乐园有水域面积约65万平方米，沙滩面积8万多平方米，是中国目前最大的人造沙滩海滨浴场，也是上海唯一一处碧波荡漾的蓝色海域。

碧海金沙水上乐园从上往下大体分3层，上层为人造绿地，沿防汛墙向外延伸30多米，建造约4.5万平方米滨海绿化带。绿化带树木葱郁，植被丰茂，错落有致，充满热带风情；木栅道蜿蜒于绿地与沙滩之间，两边郁郁葱葱的小树林、鲜艳夺目的鲜花丛、线条简洁的框架房、细腻柔软的海南沙，美丽景色尽收眼底。

中间层为人工沙滩，自然地从绿化带向大海延伸，露水沙滩大约有7.5万平方米，金色沙滩的沙粒松软平坦，成百上千穿着各色泳装的男女，组成了一个美丽的彩棋盘。

最下层为蓝色海水，从沙滩到圈水顺堤约500米，海水面积大约67万平方米，构成大型水上乐园。水上乐园一眼望去，天空透明、澄蓝，片片白云像擦拭玉盘的丝绸。远方是难以想象的波平浪静，朦胧之中彩帆点点，近处永远翻腾着海浪，蓝色的浪谷和白色的浪峰此消彼长，一次次涌来，渐渐把人们融入这风景如画的境地。

小贴士

最好下午的时候再去海边，上午太晒了，如果上午去的话最好自备太阳伞和椅子，或者带帐篷去，园区里租的话要租金150元/顶。

解说

碧海金沙最大的特点就是"人工"，海水是人工净化的，沙子是人工铺设的，就连海底的海床都是人工修的，还包括为了把净化过的"碧海"与未净化的"黄海"分隔开来的人工大堤。

攻略

1.景区有停车场，停车场位于水上乐园旁边，面积达4万平方米，一次可停放2000多辆汽车。

2.第一期"碧海金沙水上乐园"约有6万平方米游泳区，除了参与水上游玩的项目，在这里还能欣赏到海上日出、海滩乐队及水上歌舞表演，夜晚还可在海上燃起璀璨的烟火。

3.游客自选项目丰富有趣，不但有水上高尔夫、水上三轮车、水上自行车、皮划艇、水上步行球、沙滩摩托车、沙滩卡丁车、露营烧烤，景区的东部沙滩还设有风筝放飞区，供游客放飞风筝。喜爱冲浪、摩托艇的朋友还可以去游艇区体验乘风破浪的刺激感受。小游艇30元/人，绕游泳区域一周；摩托艇每分钟15元。

151

Follow Me 上海深度游

攻略

景区交通　游遍景区不犯愁

从停车场到碧海金沙水上乐园之间有电瓶车，游客可乘坐电瓶车往返两地。

住宿　驴友力荐的住宿地

上海湾宾馆（地址：海湾旅游区海鸥路32号）、上海旭辉圆石滩酒店（地址：海湾旅游区海马路5111弄）。

美食　饕餮一族新发现

碧海金沙景区内有小木屋美食区、冲淋房二楼、新食代美食广场和沙滩座椅4个餐饮区域，小木屋美食区有土耳其美食、南翔小笼、小吃部、吉祥馄饨、豪大大鸡排等餐厅，冲淋房二楼区有鸿臻饭馆，新食代美食广场主要是海鲜大排档。

除了碧海金沙景区内，周边的海鲜一条街也是食客们必到之所。秦臻海鲜农家乐经营海鲜、杭帮菜，档次中等，以融合菜见长。

枫泾古镇
千年历史文化古镇

微印象

@安吉酷酷丽 古镇建筑挺有古典风味，镇子里人比较稀少，和城市的繁华景象形成了鲜明的对比。坐在小河边观赏风景很惬意，可以细细地感受这里宁静清幽的气氛。

@咸酸甜苦辣 小镇里游人不多，算是比较清净的地方了，适合假期的旅行。古色古香，小桥流水，很有清新的感觉。

@rainbow 镇子古色古香的，极具江南特色，在如今城市化进程日益加快的时代，到枫泾去放慢脚步，领略一下江南美景、习俗和美食，还是挺惬意的。

门票和开放时间
门票：进入古镇免费，场馆通票50元。
开放时间：8:00~16:30。

最佳旅游时间
每年3~5月是游览枫泾古镇的最佳时间，此时这里风和日丽，春暖花开，最适合郊外踏青。此外，9月底至11月秋高气爽，届时来这里也是不错的选择。

进入景区交通
位置：金山区亭枫公路8588弄28号。
交通：1.公交：在上海市区乘坐地铁1号线在锦江乐园站下，然后前往西南汽车站乘枫梅线（全高速，约45分钟）直接到枫泾。
2.班车：上海集散中心万体馆、虹口足球场每天有班车直达景区。
3.自驾：沿沪昆高速G60（原沪杭A8）枫泾出口或申嘉湖高速A32朱枫公路出口，到达枫泾古镇景区停车场。

景点星级
浪漫★★★★★　休闲★★★★★　美丽★★★★　特色★★★★　人文★★★★　刺激★★★

Follow Me 上海深度游

枫泾镇成市于宋，建镇于元，是一座文明古镇。古镇至今仍保存完好的有和平街、生产街、北大街、友好街四处古建筑群，总面积达48750平方米，是上海地区现存规模较大、保存较完好的水乡古镇。

枫泾古镇分为两大景区：古镇景区和中国农民画村景区。古镇景区包含吴越广场、金圃宅第、致和桥景区、枫溪长廊、丁蹄作坊、朱学范生平陈列馆、三桥广场、三百园、人民公社旧址、程十发祖居、丁聪漫画陈列馆等景点。

小贴士

如果乘坐公交车来古镇的话，下车后转个弯再走几分钟就可以到古镇入口，无须乘坐车站的人力车。

亲子研学

民俗艺术知多少

枫泾的民俗活动多姿多彩，广为普及并为百姓喜闻乐见的有串马灯、高跷、耘稻山歌、小调和讲故事等，尤以讲故事流传最广。枫泾长期保持着一支故事创作、演讲队伍，每年都要创作和演讲不少故事，广受欢迎。每年农历正月，举办灯谜艺术节；而在9月下旬，则有独特的吴跟越角水乡婚典。

❶ 吴越广场

吴越广场是枫泾的主入口，是一座以吴越文化为建筑特色的明清建筑群。建筑风格在细节上采用古镇元素，融入了江南大户人家庭院建筑特点，大气而典雅。景区内小桥流水、桃红柳绿。假山、怪石、盆景设计巧妙，配以香樟、红枫、玉兰、桂花、松树、竹等树种，营造出一种亲切可人的优雅环境。

枫泾古镇示意图

上海郊区 |

❷ 枫泾古桥群

枫泾为典型的江南水乡集镇，素有"三步两座桥，一望十条港"之称。镇内现有桥梁52座之多，700年历史的元代致和桥，明代的跻云桥、晏公桥等39座古桥构成了枫泾700年桥之路；清风桥、北丰桥、竹行桥相连构成了颇有江南水乡特色的枫泾三桥。枫泾南镇曾有过一个望桥亭，在亭中往前看、往左往右看都有3座桥，被称为"一望三座桥，三望九座桥"。

攻略

镇北有上海最大的服装折扣卖场——上海服装城值得一逛。另外，古镇北大街有手工作坊，作坊内按古代形制，向游人展示古代织布、打铁、制药和制造竹木器具等手工业生产技艺，也可以尝试自己制作小竹筒、小铁铲、小锄子、布鞋子、土布头巾等。

❸ 三百园

三百园的原主人叫陈舜俞，喜欢吟诗作画，学识渊博，与欧阳修、苏东坡、司马光交往甚厚，经常在一起喝酒作诗，谈笑人生。这座三进三落的大宅院记录了陈舜俞的丰功伟绩与坎坷人生，每幢房子都反映了他当官的艰辛历史，因里面展示了300多件展品——百灯、百篮、百行等代表物件，故称三百园。

亲子研学

陈舜俞

陈舜俞，号白牛居士，当时在朝廷官居高位，但他一生两袖清风，为人正直廉洁，看不惯朝廷中的一些丑恶现象，几次罢官，隐居故里。去世以后，司马光还为他写了悼唁诗："海隅方万里，豪隽几何人，百沐求才尽，三薰得士新，声华四方耸，器业一朝伸，他日苍生望，非徒泽寿春。"

❹ 程十发祖居

程十发（1921—2007年）是中国海派书画大师，在人物、花鸟方面独树一帜，在连环画、年画、插画、插图等方面均有造诣。程十发祖居位于和平街151号，祖居里边恢复了程十发祖父、父亲行医的诊所厅堂和程十发出生居住的卧室，卧室里雕花床、梳妆台一应俱全。同时，祖居还展出了程十发部分画作及生活、创作用具。

155

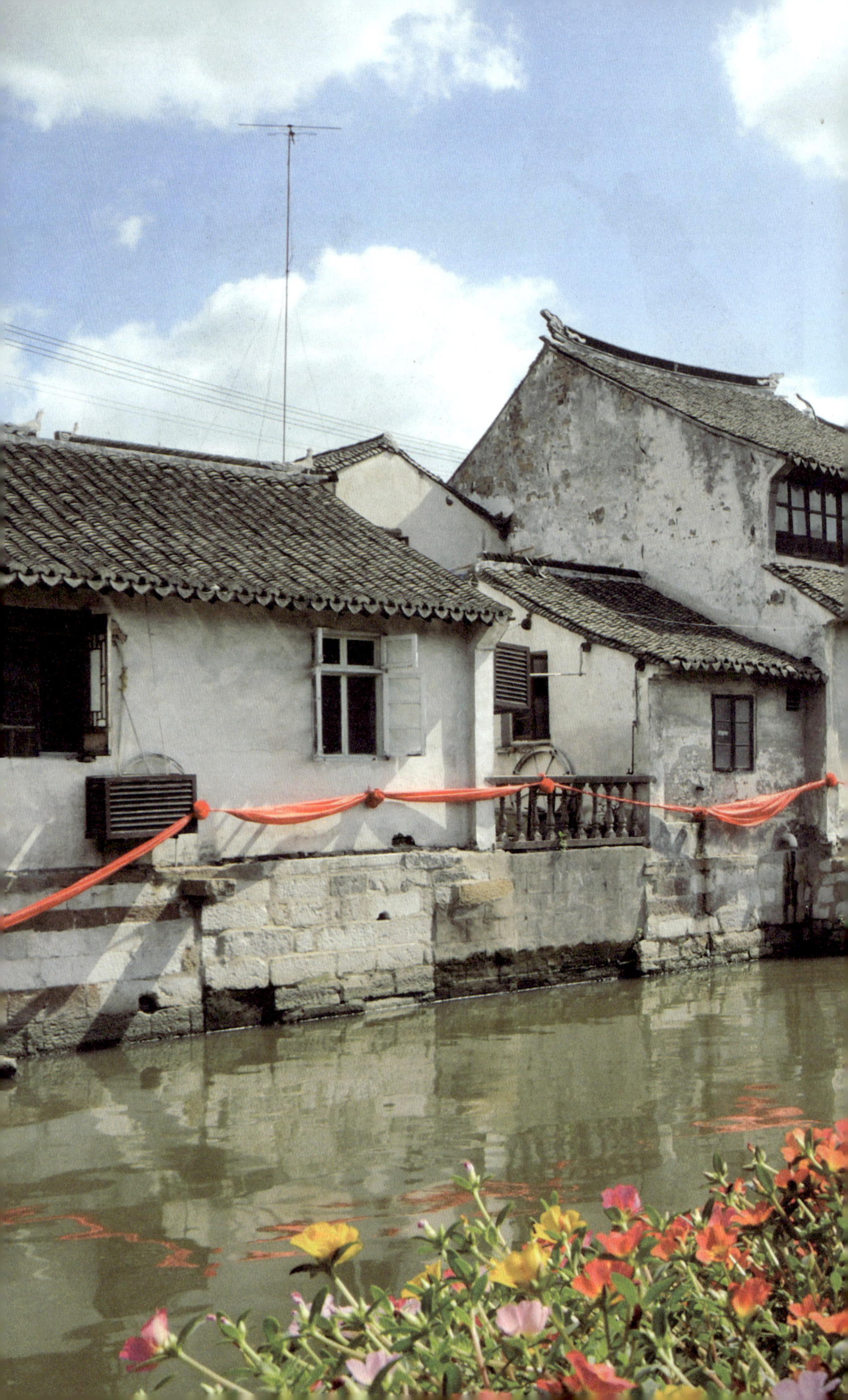

枫泾古镇周围水网密布,河道纵横,素有"三步两座桥,一望十条港"之称。

Follow Me 上海深度游

❺ 丁聪漫画陈列馆

丁聪漫画陈列馆坐落在古镇北大街421号，进入大门，古银杏和紫薇、芭蕉、桂花、蜡梅等花木把庭院装点得十分清新雅致。陈列馆有7个厅2个室，分别为"前言厅"、"生平介绍厅"、"讽刺幽默厅"、"古今趣集厅"、"名著插图厅"、"人物肖像厅"、"丁悚作品厅"（丁悚为丁聪的父亲），以及"录像资料室"和"纪念品售卖室"，陈列馆展示了丁聪先生各个时期代表作品共120多幅。

亲子研学

丁聪小传

丁聪（1916—2009年），别名小丁，中国著名漫画家，1916年生于上海，祖籍上海市金山区枫泾镇，擅长漫画、插图。抗日战争时期，辗转于香港及西南大后方，从事画报编辑、舞台美术设计、艺专教员和画抗战宣传画等工作，同时也以漫画参加过多次画展。在上海、香港等地编辑《良友》《大地》《今日中国》等画报。后在重庆、成都等地从事舞台美术设计，创作了《阿Q正传插图》《现象图》等。

❻ 金山农民画村

金山农民画村位于枫泾古镇以北约5千米处，其面积13余万平方米，现拥有丹青人家、水上人家、枫泾人家、菜园人家、稻香人家等景点，可供游客进行赏画购画、乡村观光、体验农家生活、商务会务、餐饮住宿、娱乐休闲、垂钓荡舟等活动。

解说

枫泾文化发达，是蜚声中外的金山农民画的发源地。农民画与丁聪的漫画、程十发的国画和顾水如的围棋，这些在国内外都具有相当影响力的"三画一棋"，集中于枫泾一镇，是国内罕见的一种地域文化现象。

攻略

景区交通 游遍景区不犯愁

游船：可坐游船游览小镇，停靠点为三百园（和平街）门口、金圃宅第门口、唔呶喔哩总店（生产街）门口、丁聪漫画陈列馆（北大街）。游船费用：120元/船，限乘6人，游程约半小时。

住宿 驴友力荐的住宿地

枫泾古镇内坐落着多家酒店宾馆，还有一家客栈，选择范围较广。

荷风嬉鱼·水上人家休闲园：位于中国农民画村内，园区有水上别墅套房10套、水上餐厅，同时，园区还配有船、竹筏、太空球等水上娱乐设施。

金皇朝轻奢酒店：酒店环境呈欧式风格，有20多间标准房、20多间单人房和数间豪华套房。地址：枫泾镇泾波路128号。

另外，镇上还有易佰酒店（地址：枫泾镇新泾路203号）、枫泾假日酒店（地址：金山区泾波路25号）等。

美食 饕餮一族新发现

枫泾素有"吃镇"之称，"正月螺蛳二月蚬，桃花三月甲鱼肥，出洞黄鳝四月底，五月拉丝吃不厌，暴子弯转六月红，七夕要吃四腮鲈，八鳗九蟹十螃鲏，十一十二吃鲫鱼"，一年都有新鲜美味吃。

枫泾丁蹄、天香豆腐干、枫泾状元糕、金枫黄酒被誉为枫泾四宝，是人们来枫泾必尝的美食，其他特色美食还有熏拉丝、菜卤蒸蚬子、吴越豆腐、椒盐螃鲏鱼、咸菜蚬眼、豆腐衣包肉、石臼虾饼、鲜肉藕夹等，这些美食在300多米长的枫溪长廊小吃一条街上都可以吃到。

行程推荐 智慧旅行赛导游

枫泾古镇一日游路线：游客中心入口—"金圃宅第"枫泾历史文化陈列馆、三元坊—致和桥景观、得泉亭、得泉井—枫溪长廊、古长廊—东区火政会—泰平桥—程十发祖居—古戏台看戏—红胜火画社观金山农民画—人民公社旧址、毛泽东像章馆、防空洞、米格15飞机和57高射炮—旅美华人吕吉人先生画馆—丁聪漫画陈列馆—三桥广场—朱学范故居—返回长廊吃午饭—中国农民画村休闲园。

佘山
上海的后花园

微印象

@香芋水蜜桃 佘山环境真的很好，绿树成荫，而且有很多的竹子，看着心情就会好。在小石子铺成的路上走走看看，很幽静很舒服的感觉。

@fondajiang 佘山园内空气好清新，到处都绿意盎然的。

@我应该去爱你 佘山公园很大，逛起来特别有感觉，里面到处是树、山，给人的感觉很舒服。空气也非常清新，可以来这里好好地放松一下心情。

门票和开放时间

门票：辰山植物园60元，月湖雕塑公园100元，东、西佘山免费，上海天文博物馆12元，天马山10元，小昆山6元。

开放时间：上海天文博物馆8:30~16:00；辰山植物园8:00~17:30（3~10月），8:30~17:00（11月至次年2月）。

进入景区交通

位置：上海市松江新城北侧。

交通：1.公共交通：在上海体育场乘游1B线，在西区汽车站乘沪陈线、沪佘昆线，或者乘坐地铁9号线都可直达佘山。

2.旅游专线：南浦大桥、上海体育馆、北区汽车站、上海西站有旅游专线车直达景区。

3.外线巴士：松江、青浦、嘉定、金山、奉贤均有巴士直达佘山。

4.自驾：上海市区—延安高架路—沪青平公路—中春路—沪松公路—沈砖公路—外青松公路—佘山森林公园。

景点星级

美丽★★★★★　特色★★★★★　休闲★★★★　浪漫★★★★　刺激★★★　人文★★★

上海郊区 |

佘山是上海的后花园，占地约401万平方米，园内12座山峰犹如12颗大小不等的翡翠从西南趋向东北，蜿蜒连绵约13千米，使一马平川的上海平原呈现出灵秀多姿的山林景观。度假区内现有辰山植物园、月湖雕塑公园、东佘山园、西佘山园、天马山、小昆山、上海天文博物馆等景点。登高远眺，九峰三泖，山山玲珑，胜迹相连，如入画卷；漫步林间，桃红柳绿，处处俏丽，景景娇艳，胜似云间。

❶ 辰山植物园

辰山植物园由中心展示区、植物保育区、五大洲植物区和外围缓冲区四大功能区构成，中心展示区与植物保育区的外围以全长约4500米、平均高度6米的绿环围合而成，绿环既展示欧洲、非洲、美洲和大洋洲的代表性适生植物，又将综合楼、科研中心和展览温室3座建筑联系在一起。

❷ 月湖雕塑公园

月湖雕塑公园由湖面、湖区和小佘山组成，以湖面为中心，环湖分为春、夏、秋、冬四季岸区，展现四季风貌。园内分布着《飞向永恒》《花》《行走的山》等著名雕塑作品，还有由57尊等身大的雕塑群组成的《人间舞台》等。

Follow Me 上海深度游

攻略

1.春岸设有喷泉水幕桥、提供咖啡和茶点的游客服务中心、用山石及钟乳石建造的"水晶宫"景观和水上舞台，其中水上舞台可容1500余名观众欣赏音乐演奏等节目。

2.夏岸有亲水沙滩、戏水池、游船码头、嘉年华游艺区、儿童智能广场等，沙滩后方还有一个高达26米的"老巨木"树屋，非常适合孩子们游玩。

3.秋岸有个造型别致的美术馆，馆内不定期会展出各国艺术精品，美术馆一旁是驿站咖啡厅，上海唯一一座坐山拥水的湖上高档景观餐饮设施"秋月舫"就坐落在秋岸。

4.冬岸有悠长的湖边木栈道和精致小巧的亭台，有湖心亭、月山海（湖上餐厅）、水舞（音乐喷泉）及可容纳千人的集餐饮、住宿、会务为一体的综合性设施——月湖会馆，可以在此住宿。

❸ 西佘山园

佘山诸山中，西佘山山体钟秀，风光旖旎，其自然风景和人文资源最为丰富，因而也最为著名。山高约97.2米，山林面积53万多平方米，园内拥有秀道者塔、天文观测台、圣母大殿、经折路、天主教中堂、三圣亭、修道院、竹海乐园、洗心泉、世纪钟楼和龙井茶园等景观。

上海郊区 |

攻略

1. 天文台工作站内有上海天文博物馆，里面收藏有40厘米双筒折射光学望远镜、百余年来拍摄的7000多张珍贵的天文照片等，对天文感兴趣的游客可以进去看一看。

2. 西佘山北麓、秀道者塔以西有森林休闲乐园，里面有八卦迷宫、芳草滑道、长征之路、百米障碍赛等娱乐项目，此外，还可以在水帘猕猴山与猕猴亲密接触，在射箭场测试和锻炼眼力，在捉鳅区考验自己的机警敏捷等。

❹ 东佘山园

东佘山园位于东佘山峰，有南北两峰对峙。园区以竹为景、以竹为胜，竹树环合，环境清幽。园内的主要景点有南大门、眉公钓鱼矶、368级登山步道、白石山亭、竹林栈道、森林咖吧、观光茶室、骑龙古道、佛香泉、木鱼石和旱地雪橇等。

攻略

1. 东佘山园的北高峰西坡有森林咖吧和观光茶室，森林咖吧开设在室外，与周围的绿树修篁融为一体；冬天冷的时候可进入到观光茶室品茶赏景。茶室旁边有一座观光塔，可登高而望远，9峰12山美景尽收眼底。

2. 白石山亭是一座凉亭，位于368级登山步道的中间段，可以在此休息，站在这里既有凌空之感，又能欣赏到云间大地平畴远水的景观，也是拍照的好地方。

点赞

👍 @shirley57 佘山很有看头，有天文台、地震馆等，一路爬上来很舒服。路旁边就是竹林，空气很新鲜，很适合郊游。

👍 @亿阳筱梓 到这里来吸氧是很适合不过的，山不在高，有树鸟则灵，在这里随处可以聆听鸟儿清脆的鸣叫声，一派生机勃勃的景象，让人有种回归大自然的亲切感觉。

❺ 天马山园

在9峰诸山中，以天马山最为高大，海拔约99.8米，前坡山势陡峭，后坡则较为平缓。山上植被丰富，林木茂盛，山色蔚然深秀，有著名的天马山新十景：斜塔佛光、摩云览胜、石洞探秘、北峰日出、名贤传秀、琵琶夜月、天马春晓、仙林艳秋、云壁听秋、竹影临溪。

❻ 小昆山园

小昆山地处9峰最南端，其山形呈东南西北走向，有南北两峰，南高北低，全山略呈"8"字状，山色圆秀朗润，又因北峰酷似卧牛之首，故当地又有牛头山之名。景区内有二陆草堂及读书台、九峰禅寺、摩崖石刻、秦皇驰道和夏氏父子墓等景观。

163

Follow Me 上海深度游

攻略

景区交通 — 游遍景区不犯愁

1. 上海辰山植物园：佘山旅游度假区绿色免费巴士停靠1号门和3号门，植物园内有游览车，游览车票价10元/人。

2. 月湖雕塑公园：园内有游园车，每15分钟一班，巡回于春、夏、秋、冬四岸，站点处可上下车。

3. 自行车：地铁9号线佘山站对面有自行车租赁网点，可骑辆自行车游园。租车2小时内免费（租车次数不限），超出2小时后按1元/时收取费用。

住宿 — 驴友力荐的住宿地

景区内住宿多为森林度假村，建在森林里或小湖边，空气很好，早上伴着鸟叫声起床，很有回归大自然的感觉。

佘山茂御臻品之选酒店：酒店位于佘山国家旅游区，月湖之畔，将青山缭绕的月湖美景尽收眼底。在御珍轩中餐厅可品味正宗粤菜及本帮菜，荟聚西餐厅提供考究的西式料理及美味自助餐。酒店配备完善的健身房、游泳池、SPA等休闲娱乐配套设施。地址：松江区林荫新路1288号。

上海大众国际会议中心：位于佘山度假区内，是由客房楼和会议综合楼组成的欧洲庭院式风格的建筑，拥有各类客房208套，还有会议室、餐厅、乒乓、桌球、棋牌室、篮球场、网球场、KTV包房、舞厅、桑拿等配套设施。地址：佘天昆路1515号。

美食 — 饕餮一族新发现

在佘山的各个宾馆内均可吃到佘山当地美味和上海本帮菜，其中佘山兰花笋是这里的特产，在兰笋山庄可吃到地道的兰花笋。此外，大众国际会议中心的贵妃香蹄、森林宾馆的鲜味荠菜丸等也值得一尝。

上海郊区 I

行程推荐 智慧旅行赛导游

1.欢乐家庭游：上午游览西佘山园，观看秀道者塔、天文观测台、圣母大殿、经折路、三圣亭、修道院、竹海乐园、洗心泉、世纪钟楼和龙井茶园等景观；下午游上海欢乐谷。

2.踏青赏花游：上午游览天马山园，品尝佘山的兰笋；下午前往辰山植物园，观看樱花展、郁金香展、月季展、鸢尾展等主题花展。

3.宗教文化游：上午去西佘山园参观佘山圣母大殿；下午去天马山园观看护珠宝光塔。

4.科普亲子游：上午去西佘山的上海天文博物馆和上海地震博物馆普及天文地震知识；下午前往辰山植物园与花草亲密接触。

5.文化艺术游：上午去小昆山园缅怀晋代著名文学家陆机、陆云和宋代词人苏轼；下午前去月湖雕塑公园观赏"月湖"主题雕塑作品。

松江古城
古朴与现代的完美结合

微印象

@翩若惊鸿 松江老城内处处充满着古老的韵味，春天去方塔园，在方塔下看季节复苏，春光灿烂，感觉很不一样！

@没有塞克 松江醉白池的美景不仅在上海，在江南也是不多见的。在深深的绿色世界里，欣赏着古城的落日美景，呼吸一下新鲜空气，很惬意。

@园子原子分子 松江清真寺里的环境真的很安静，在那儿能感受到和西林寺完全不一样的宁静，心也会静下来。

门票和开放时间
门票：方塔园12元，醉白池12元，清真寺6元。
开放时间：醉白池7:00~17:00，方塔园5~9月5:30~17:30，10月至次年4月6:00~17:00。

进入景区交通
位置：上海市松江区老城区。
交通：乘地铁9号线可直接到松江新城，然后再转乘公共汽车到老城区各景点。

景点星级
美丽★★★★　休闲★★★★　人文★★★★★　刺激★★★　浪漫★★★　特色★★★

上海郊区 I

松江古城在元代形成十里长街，古时称华亭，别称有云间、茸城和谷水等，上海开埠前，松江是上海地区政治、经济、文化中心，历史上曾有"苏松税赋半天下"之美誉。老城区内现存众多文物古建筑，唐代陀罗尼经幢、宋代方塔、元代清真寺、明代照壁、清代园林……尽收眼底。砖塔、石桥、园林、寺庙，自然风光与人文景观浑然一体，和谐成趣，交相辉映，形成了松江老城区旅游资源的鲜明特点。

1 方塔园

方塔园位于松江老城的东部。公园原址曾为唐宋时期上海（华亭县）的闹市中心，北宋年间这里就建造起闻名江南的兴圣教寺塔，到了明朝，城隍庙、关帝庙等大型寺庙又在这儿兴建起来。

园内景色自然粗犷、内涵丰富，凿池叠山、湖水曲绕、竹林成片、古树挺拔，开阔而平坦的大草坪有10000多平方米，与古老文物建筑相映成趣。

2 醉白池

醉白池是上海五大江南古园林之一，清顺治七年（1650年）工部主事顾大申建。顾大申擅绘画，善诗文，亦慕白居易之乐而以"醉白"为池、园名。

醉白池池沼面积有600余平方米，乱石堆砌，别具一格，园林布局以池水为中心，环池三面皆为曲廊亭榭，晴雨均可凭栏赏景。园内有老树轩、池上草堂和鸳鸯亭等胜景及宋、明以来的名人碑碣、石刻，池南廊间壁上有《云间邦彦图》石刻，镌明、清松江府属各县乡贤名士百余人之画像，刻画甚工。

> **小贴士**
>
> 方塔园和醉白池有一处特色，它们的门票都是含了邮资的明信片，而且园子入口处有一个邮箱，可以在门票背面写上地址及祝福的话后将明信片投入邮箱寄给家人、朋友，甚至也可寄给自己，据说明信片上的邮戳有方塔园和醉白池的图案，十分有特色。

点赞

👍 @pop3muz6 醉白池不愧是名园，有其特色，但必须静下心，花时间细细研究品味，才能品出其独特的文化气息和韵味。

👍 @主动脉 很不错的一个园林景观，优点是游客少、幽静，只有这样才能真正感到园林的气息，适合于闲适小憩。

3 清真寺

清真寺始建于元至正年间（1341—1368年），初名真教寺，明清时期又经过多次重修扩充，如今的清真寺既有元代时期的建筑风格，又有明清时期的建筑特色。

清真寺大门向北，在清真寺正门内外均建有照壁，形制同中国古典建筑。寺内有古碑园、礼拜殿、邦克门楼、讲堂等建筑。

> **小贴士**
>
> 大殿北侧有古桧柏一株，植于明代。古桧柏左方有明代古井一口，圈形石栏，形制简朴，古意盎然。

167

Follow Me 上海深度游

④ 西林禅寺

西林禅寺始建于南宋咸淳年间，初名云间接待院，迄今已有700余年历史。明洪武二十年（1387年）重建，改名为西林禅寺，并修建宝塔，俗称西林塔，同时为了纪念南宋云间接待院创始人高僧圆应禅师，故亦称圆应塔。

塔共7层，高46.5米，塔势峥嵘庄严，名播远近。正统年间，明英宗亲赐匾额，敕封"大明西林禅寺"，其时僧众达600余人。

⑤ 唐陀罗尼经幢

唐陀罗尼经幢位于松江中山小学内，又称松江唐代陀罗尼经石幢，唐大中十三年（859年）建，是上海现存最古的地面建筑，也是国内现存的唐代经幢中较大的一座。

亲子研学

经幢创建之缘由

唐代中期，松江是江南水乡，地势低洼，相传当地有"海眼"，常有水涌出，官府郡人为防止水泛滥成灾，遂立此幢镇之。其实，立幢的主要原因是唐代佛教盛行，松江笃信佛教者为超度亲友亡灵而建，幢身所刻《佛顶尊胜陀罗尼经序》中对此幢的来历有说明，并称多造经幢可以消灾免罪。

方塔园

Follow Me 上海深度游

❻ 云间第一桥

　　云间第一桥位于松江城西，因大桥横跨浦塘，又称跨塘桥。据史籍记载，此桥初建于宋代，为木桥，因桥规模较大，故当地称为"云间第一桥"。明代成化年间，知府重修为石桥，桥三孔拱形，用青石砌成，高约10米，长约50米。该桥现为松江十二景之一。

攻略

景区交通　游遍景区不犯愁

　　从松江新城到方塔园可乘坐22路公交车，然后打车到醉白池，从醉白池到老街步行约15分钟即到。

住宿　驴友力荐的住宿地

　　松江住宿非常方便，可以住在古城，也可住在新城区，在松江住宿推荐格林豪泰（地址：松江区泗砖路423号）、上海立诗顿酒店（地址：松江区三新北路900弄610号）、上海莘庄亚朵酒店（地址：松江区莘松路1007号）、松江开元名都大酒店（地址：松江区人民北路1799号）等。

美食　饕餮一族新发现

　　松江特色餐厅众多，推荐佬肥猫（地址：新松江路1292弄）、竹筷子松江味（地址：松江区新松江路1234号）、农家菜老大（地址：沪松公路6351号）。另外当地的特色菜如安陆翰林鸡、五柳鱼、玛瑙白玉等，在庙前街美食街、岳庙街美食街和松东路美食街等地均可吃到。

　　此外，方塔园东大门有名为"方塔河鲜馆"的饭店，提供富有松江特色的农家河鲜菜肴，价格经济实惠。

上海欢乐谷
梦幻"香格里拉"

微印象

@smile_602 欢乐谷里面游玩项目很多，玩过之后身心很放松，值得来玩。

@zb56789 万圣节时去玩，赶上了欢乐谷万圣南瓜节夜场，人气很足，里面的工作人员打扮成各种妖魔鬼怪，还有花车巡游，蛮不错的。

@user69353461 上海欢乐谷绝对是一个值得去的地方，好多游玩设备，电影院也不错，动感十足。

门票和开放时间

门票：全日票299元，下午场票199元。园内部分项目单独收费。

开放时间：周一至周四9:30~21:30，周五至周日9:30~22:00，重点日9:30~24:00。

最佳旅游时间

去欢乐谷玩最好避开寒暑假及周末，因为这个时候是欢乐谷人最多的时候，每个项目都需要排队很久。

进入景区交通

位置：上海市松江佘山林湖路888号。

交通：

1.公交：乘松江19路、松江19路区间、松重线在欢乐谷站下即达。

2.地铁：乘坐地铁9号线在佘山站下车，过街至欢乐谷接驳站搭乘公园班车即可。

3.自驾：A8松江出口沿嘉松公路向北到沈砖公路向西行百米；A9赵巷佘山出口沿嘉松公路向南走到沈砖公路向西行百米；A5莘砖公路出口沿莘砖公路向西行至嘉松公路口继续西行百米。

景点星级

刺激★★★★★　浪漫★★★★　休闲★★★★　美丽★★★　特色★★★　人文★★

Follow Me 上海深度游

上海欢乐谷是"动感、时尚、欢乐、梦幻"的大型主题公园，包含了阳光港、欢乐时光、飓风湾、金矿镇、欢乐海洋、上海滩、香格里拉7个主题区，百余项娱乐及观赏项目，12座顶级游乐设备，逾万个表演场馆座位。

攻略

1. 喜欢游乐项目的话，可以选择周一至周五游玩，这几天排队的人相对较少，可以在最短的时间内更多地体验自己喜欢的游乐项目。
2. 喜欢看人文景观和艺术表演的话，建议选择周六或周日游园。这样，人以你为景，你以人为景，其乐融融！
3. 喜欢大型活动的话，可以选择节假日，特别是黄金周进入欢乐谷，这时一般都会有大型的狂欢盛景。

搭乘雄伟壮观的国内首台木质过山车，在丛林里穿行飞跃，在雨林里分享奇妙，在娱乐中体验冒险的真实，在自然中感受野趣；乘坐特制船只卷入海湾的风暴漩涡中，激流勇进，体验15米浪尖飞驰而下的刺激；漫步20世纪二三十年代的老上海，青砖灰墙、石框黑门、格子窗户、旧式消火栓、路灯、黄包车、老邮筒……让人迷醉，这些都是上海欢乐谷给人们带来的惊喜。

上海郊区 I

❶ 阳光港—欢乐时光

　　阳光港是一个以海洋文化为背景的浪漫港湾，古老的哥特式建筑、突兀的窗户、削尖的屋顶、浓重的铁质装饰，笼罩着浓郁的英伦风情。这里有展示维多利亚风情和休闲元素的休闲艺术街，有带领游客体验空中翱翔的飞行影院和多功能剧场——亚瑟宫等10余个项目。站在艺术街临湖驳岸，全园景色尽收眼底。

　　欢乐时光到处上演着欢乐的景象，有木质过山车"谷木游龙"，飞驰中带来赏心悦目的感官体验；全园制高点"天地双雄"，上下往复中诠释了冲上云霄的刺激和自由落体的飘逸；"旋转木马"，永恒的奔跑追逐遥远的幸福，上下起伏中回味逝去的欢乐……

❷ 飓风湾—金矿镇

　　在飓风湾，乘坐"激流勇进"从26米高空逃生，乘坐小船在"完美风暴"的巨浪拍打中翻滚，在伸手不见五指的漆黑洞穴中历险，体验加勒比飓风来临时的壮观场面和在飓风中逃生的惊心动魄……与杰克船长一起踏上加勒比惊险之旅，展示勇者无畏的胆量与坚强。

　　金矿镇是美国西部的一座废弃的小镇，在19世纪，它曾经是个令许多人朝思暮想的地方。上海欢乐谷的金矿镇以"淘金"为主题，这里有狂热的淘金者、粗犷豪放、狂野不羁的西部牛仔，轰轰烈烈的生产场面，空气中弥漫着财富、惊喜、神秘、刺激、挑战的气息。

小贴士

　　游客服务中心提供景区服务信息咨询；位于检票口旁的寄存处提供收费的普通物品寄存服务；轮椅、婴儿车服务处可免费提供轮椅、婴儿车供适宜人群使用，须收取相应的押金。

攻略

　　在金矿镇可以搭乘矿山车，体验矿工在洪水中逃生的惊险场面；可以登上"金银岛"，纵览全园景观；可以聆听印第安人血泪史；可以扮演一回西部拓荒者，在马背上展示自己英雄的一面；还可以在华侨城大剧场中欣赏一台演出……

Follow Me 上海深度游

❸ 欢乐海洋

　　这是一座缤纷梦幻的海底王国，是欢乐谷中适合全家一起游乐炫动的主题分区，融合了"温馨、浪漫"的全新特点，经典项目有大洋历险、水上飞艇、海岸蚁兵队、疯狂精灵等。

　　欢乐海洋区还有一座全景式高科技互动体验馆——海洋奇幻馆，走进馆内，犹如到了神秘的海底世界。新型6D"过山车模拟体验馆"，还有"亚洲全新室内空中多媒体互动环廊"等，以及海洋新干线、珊瑚影剧院、水母一家亲、七彩漩涡等10多个国内外的家庭游乐项目，尽在这里，是亲子合家欢的必游之地。

❹ 香格里拉—上海滩

　　相传，香格里拉隐藏在青藏高原深处的某个隐秘地方，整个王国被双层雪山环抱，王国中的圣人们能通过一种名为"地之肚脐"的隐秘通道与世界进行沟通和联系，并牢牢地控制着世界。长期以来，这条"地之肚脐"的神秘通道，一直是寻找香格里拉的关键。穿过曲折湍急的"峡谷漂流"，乘坐"蓝月飞车"在茂密的雨林中盘旋飞跃，寻找心中的日月。

　　上海滩内有跌落式过山车"绝顶雄风"，震撼人心、惊心动魄的大摆锤，体会飞行快感的"尖峰时刻"及丰富多彩的水上项目"能量风暴"和"浪花飞舞"等，还有逼真的枪战表演、炫目的特效。

攻略

　　在上海欢乐谷，除了50多项先进的娱乐设备外，每天还有20余场超炫的各类表演，如室内大型马戏表演、室外影视特效表演、大型马战实景史诗表演、花车巡游等，具体演出时间可以在上海欢乐谷官网上查询。

攻略

景区交通 游遍景区不犯愁

欢乐谷整个园区占地很大,可选择代步工具节省时间。欢乐谷里配备了可以代步的电瓶车、老爷车;在贯穿欢乐谷的河流里,也有观光的游船。代步工具费用不包括在门票内。

住宿 驴友力荐的住宿地

欢乐谷方圆3千米内基本都是豪华酒店,房价基本在700元以上,建议去附近佘山的森林宾馆或大众国际会议中心住宿,标间在300元左右。

也可以去稍远一点的松江新城区住宿(欢乐谷处于佘山和松江新城区的交界),新城区内有许多经济型酒店,如莫泰、锦江之星等。

美食 饕餮一族新发现

上海欢乐谷可就餐的地方很多,所有的就餐点大致可分为室内与室外两种。

室内餐厅:除了有3家肯德基、1家东方既白、1家必胜客以外,还有飓风餐厅和上海滩餐厅及两家中式快餐厅。在飓风餐厅里,有各种中式套餐和各种饮品出售;上海滩快餐厅主营上海地方特色小吃,比如小笼包、小馄饨等,味道还是比较正宗的。

室外餐厅:在上海滩的美食一条街上(绝顶雄风旁边)有很多麻辣烫、烧烤、酸辣粉等小吃,价格相对便宜。

行程推荐 智慧旅行赛导游

1.年轻人游园推荐:谷木游龙—异度空间—天地双雄—双层转马—暴风之旅—激流勇进—完美风暴—矿山历险—金银岛—蓝月飞车—飞旋驼峰—绝顶雄风—大摆锤—能量风暴等刺激性游乐设备。

2.家庭游园推荐:飞行影院—金银岛—魔幻剧场—西部追忆—蚂蚁宫—北极探险—水蛙战舰—跳跳蛙—疯狂精灵—蚁兵战车—蚂蚁运输队—峡谷漂流—丛林抢险—肯配古塔—四维影院—谷木游龙。

特别提示

❶ 就餐高峰时,买一个汉堡要排队约40分钟,为了玩到更多的游戏项目,自备或者错时就餐是不错的选择。

❷ 在每个热门游玩项目下面,乐园会设置1小时排队区、2小时排队区,以此类推,让游客明白自己大概所处的排队位置,权衡取舍。

淀山湖
上海最大的淡水湖

微印象

@天下第一堡 淀山湖是上海水质最好的淡水湖，周边环境很好，空气清新，在湖边烧烤也不错。

@丹丹女荞 淀山湖湖面非常宽阔，交通也非常方便，处处透着大自然的味道，周末去度个假，在河边吃吃烧烤，很享受。

@hosomiyusuke 湖面真的是一望无际，阳光洒在水面上，波光粼粼的，漂亮极了，在这里感受到了久违的宁静。

门票和开放时间
门票：免费。开放时间：全天开放。

最佳旅游时间
春秋两季为游淀山湖的最佳时间，此时百花盛开，树林青绿，天气不冷也不热，适合出行。

进入景区交通
位置：青浦区朱家角的西部。

交通：

1.班车：在马当路的香港新世界大厦（金陵西路口）上车，途经朱家角，大概两小时车程即可直达淀山湖的老干部度假村。

2.自驾：市区—延安路高架—G50沪渝高速公路—朱家角出口—沪青平公路（318国道）—淀山湖自然风景区。

景点星级
休闲★★★★★　美丽★★★★　浪漫★★★★　特色★★★　刺激★★　人文★★

淀山湖地处青浦区朱家角的西部，是天然淡水湖泊，简称淀湖，俗称甜水湖。淀山湖跨昆山、青浦两县，上接阳澄，西通太湖，湖呈葫芦形，湖水碧澄如镜，沿岸烟树迷蒙。

淀山湖游览区内湖光山色，环境幽雅，方圆约100万平方米，横贯中间的青商公路将游览区分隔成东西两部分。东半部是自然景点，还有一条380多米长的人工堤"柳堤春晓"，堤上柳绿花红，桥堤相对，堤外碧波万顷，水天一色，淀山湖全景尽收眼底；西半部是一条名为"石城古风"的仿古街道，是为游客提供生活服务的中心区。

淀山湖游览区内有国际标准高尔夫球场、水上运动场，还有环湖步道、湿地公园、乡村旅游和度假村等。除了优美的自然环境外，环湖地区还分布着丰富的历史人文景观，有6000年前的崧泽古文化遗址和福泉山古文化遗址，这是上海迄今发现的人类最早的聚居地；有丰富的古建筑，如唐代的青龙寺、青龙塔、泖塔、宋代的普济桥、万安桥、明代的报国寺、放生桥和清代的曲水园、万寿塔，还有江南水乡名镇朱家角、金泽。

链接　"甜水湖"的来源

古时候这里湖面宽阔，白茫茫一片，分不清哪里是岸，哪里是水，过往船只顺风靠扯篷，逆风摇橹划桨。船工有时为了歇歇力，解个渴，就舀碗湖水喝，一碗水喝下肚，细细品味觉得凉中带甜，久而久之，传来传去，这"甜水湖"的叫法也就传开了。

攻略

1. "石城古风"内坐落有高达47米的7层仿古宝塔一座，此塔既是宝塔，亦是水塔，第6层是储水箱。塔景秀丽壮观。

2. 淀山湖不仅面积大，相当于11.5个西湖，而且水质清澈，适宜开展水上运动，包括赛艇、皮划艇、帆船、帆板、龙舟等无污染的体育项目。

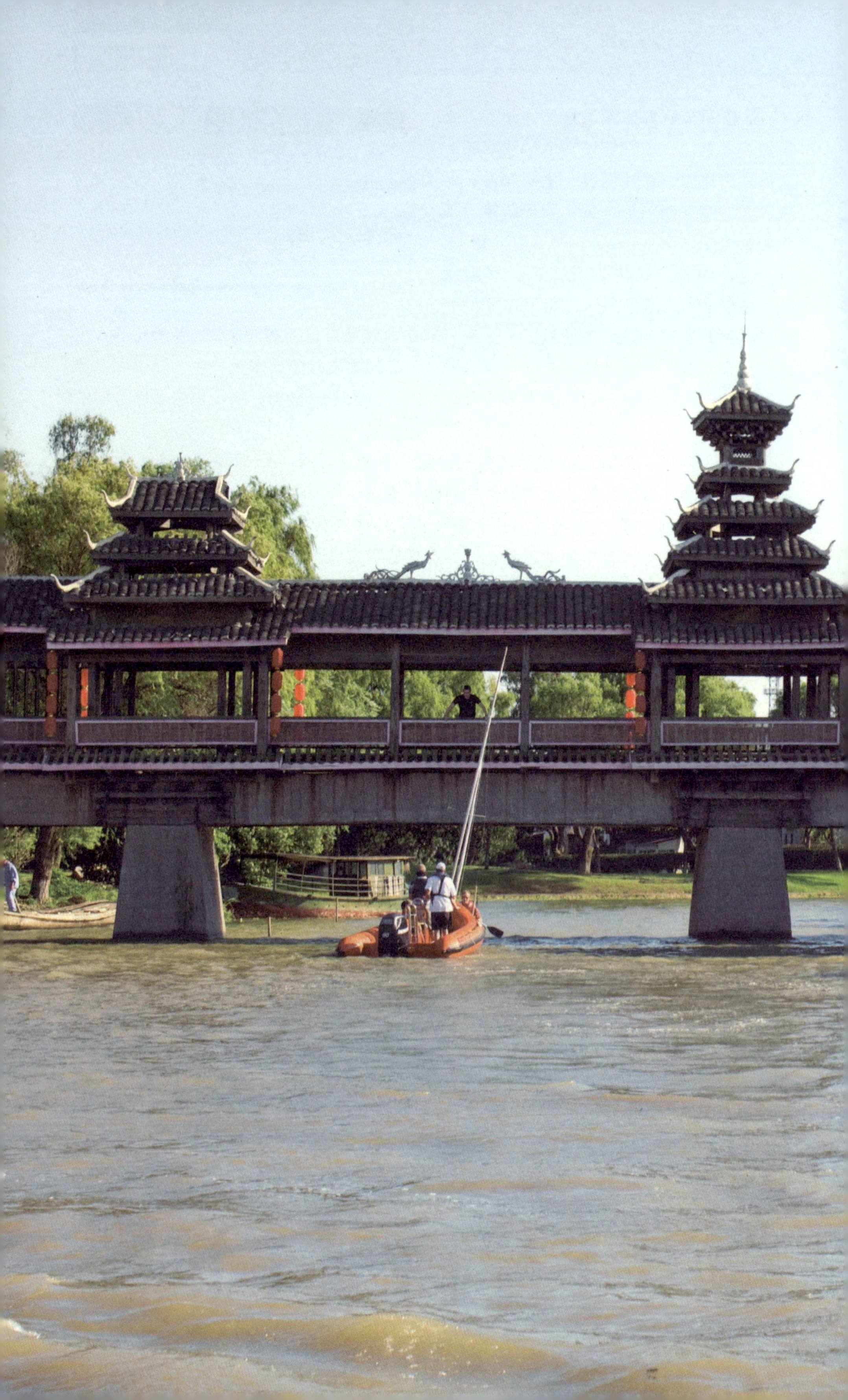

淀山湖是上海最大的淡水湖，风景优美，环湖散落着朱家角、周庄、锦溪等有名的古镇。

Follow Me 上海深度游

❶ 水上运动场

水上运动场坐落在淀山湖东北，堤岸两侧绿树成荫，大堤中央的7米宽水泥公路可进行马拉松、竞走、自行车等运动训练和小型比赛。

运动场的主体工程按照国际比赛标准设宽150米、长2250米、深3米的主航道，为赛艇、皮划艇训练场。主航道东侧是宽60米、长850米、用两座8米宽大桥和主航道沟通的副航道，作赛前训练用；南侧是5500平方米水上船坞，可停泊200余艘各式帆艇。还建有陆上健身房和划桨训练房、餐厅、运动员生活楼、招待所等28个单项工程，以及篮球场、网球场、标准田径场。

点赞
👍 @jessica8709 淀山湖的环境真的是没得说，难得的清新，湖水也很清澈，水上运动场内很热闹，游玩项目特别多，很适合一家人来度假。
👍 @我爱travel 周末只要有时间就去淀山湖住一晚上，跟大自然来个亲密接触，热闹却不吵闹，值得一去。

❷ 东方绿舟

东方绿舟毗邻淀山湖，占地面积370余万平方米，水上活动面积133余万平方米，这里水域浩渺、植被苍翠、水木清华、风光旖旎，园内一步一景，处处体现出中国园林博大精深的内涵。

景区由知识大道区、勇敢智慧区、国防教育区、生存挑战区等8大园区组成。南部河道、湖泊、小桥、树林、竹林、古木、奇石、大草坪和植物园，气象万千，美不胜收；北面西班牙式、英国式、美国式等30多幢公寓鳞次栉比，尽显异国风情；威武的航空母舰矗立湖东畔，向人们展示着军事现代化的奥秘；西面月亮湾、渔人码头、亲水平台比邻而居，淀山湖几度夕阳红。

小贴士
园内有仿真航空母舰、月亮湾、求知岛、地球村、理想之翔、拱门台等景观，另外还有网球场、沙滩排球、游泳馆等运动度假设施。

上海郊区1

淀山湖示意图

③ 上海国际高尔夫乡村俱乐部

上海国际高尔夫乡村俱乐部位于淀山湖畔，占地约103万平方米，是上海乃至华东地区第一个国际标准的18洞高尔夫球场。

整个球场紧靠着淀山湖，充分展现了江南三角洲的自然风光。俱乐部的主会所是一座具有19世纪英国乡村别墅风格的建筑，会所的外壁砖瓦均按古式烧法精制而成，增添了会所高雅的风格和情趣。开阔的球道、充满风险诱惑的小湖、精心点缀的沙坑以及陷阱密布的攻领路线吸引了无数中外高球爱好者来场一享挥杆之乐，被行家誉为最具挑战性的高尔夫球场之一。

小贴士

会所内大堂、专业商场、酒吧、餐厅、阅读室、台球房及桑拿浴室等设施一应俱全，设计非常人性化。

④ 报国寺

报国寺位于淀山湖畔的淀峰村内，建筑面积5000多平方米，气势恢宏，堪与苏杭古刹媲美。加之地处淀山湖畔，风景秀丽，交通便捷，是苏、浙、沪地区重要的佛教活动场所。

解说

寺内缅甸白玉雕成的释迦牟尼玉佛、新加坡赠送的第一尊白玉观音及千年古银杏，成为报国寺"三宝"。

Follow Me 上海深度游

❺ 大观园

以清代文学名著《红楼梦》意境所建造的上海大观园占地80余万平方米，分东、西两大景区，东部以上海民族文化村、梅花园、桂花园为主要景观，西部则是以《红楼梦》作者曹雪芹的笔意，运用中国传统园林艺术手法建成的大型仿古建筑群体。

攻略

1. 大观园内娱乐项目很多，春有红楼娱乐节，夏有荷花节，秋为红楼艺术节，冬办梅花展。
2. 大观园东部栽树木100万平方米共34万株，另有"梅坞春浓""柳堤春晓""金雪飘香""群芳争艳"等景点，其中"梅坞春浓"是上海地区赏梅的最佳去处。
3. 大观园北面有个青少年野营基地，营地内一幢幢小别墅、五彩斑斓的野营帐篷，以及用作野餐的烧烤场地都非常引人注目，还有帆船、高速摩托艇、赛车、溜冰、桌球、垂钓、舞池、酒吧、投影电视、喷泉滑梯、戏水池等项目。在基地的水上餐厅可品尝淀山湖新鲜水产佳肴，也可饱览湖光景色。

攻略

景区交通　游遍景区不犯愁

淀山湖景区面积大，各景点距离较远，要步行穿梭景点的话可要浪费很多时间，这里有各类交通工具可租用。单人自行车10元/时，双人自行车20元/时，四轮休闲车40元/时。游览观光车A线全线10元，B线全线15元。

住宿　驴友力荐的住宿地

淀山湖游览区内分布着彩虹岛、日月岛、太阳岛等度假村，大观园内也可住宿，也可以在朱家角古镇内住宿。

彩虹岛位于淀山湖南畔，由英国投资建造，除豪华别墅区外，还有大型水上公园、游艇码头、水鸟观景区、钓鱼区、网球场、乡村酒吧等各种休闲设施。

美食　饕餮一族新发现

可以去"石城古风"的仿古街道内吃饭，淀山湖里的湖鲜非常新鲜，一定要品尝。秋季来淀山湖可以吃到新鲜的淀山湖蟹宴。菜品中有不少蟹粉系列，如蟹粉烩四宝、鲜虾炒蟹粉、蟹粉烩鱼肚、蟹粉豆腐、蟹肉香芒色拉等。这里的蟹粉通常选用苏北大闸蟹，蟹肉饱满，富有弹性，有鲜味，所搭配的辅料以清淡爽口为主，虽鲜上加鲜，但绝不腻口。

朱家角古镇

小桥流水人家处

微印象

@湘楚人士 一个很古老的小镇，透着一股艺术气息，走进小镇仿佛走进了诗词里面美妙的画卷里。

@瑟爷屋温吟 上海有许多水乡，朱家角是最近的一个，镇子不仅古朴，人文气息也很浓烈，和上海繁华大都市差异很大，如果想享受一下恬静的生活，不妨去朱家角。

@大钱是个纠结体 朱家角的美是"小家碧玉"般的美，小镇生活化很浓，却又不乏文艺小店，依水而建的小楼依然是水乡的主打，这里是典型的江南水乡。

门票和开放时间

门票：朱家角古镇景区8景点联票60元。开放时间：全天开放。

最佳旅游时间

以春季和秋季最佳。此时气温适中，风景秀丽，最适合欣赏水乡风情。

进入景区交通

位置：青浦区中南部，紧靠淀山湖风景区。

交通：
1.乘坐地铁17号线，在朱家角站下，步行即可。
2.自驾：延安路高架桥转G50至朱家角出口下国道，沿318国道，至朱家角后转珠溪路即达。

景点星级

休闲★★★★★　美丽★★★★　浪漫★★★★　特色★★★★　人文★★★★　刺激★★★

Follow Me 上海深度游

朱家角古镇位于风景秀丽的淀山湖畔,人杰地灵,风光旖旎,古镇是曾以布业著称的江南水乡古镇。有1桥（放生桥）、1街（北大街）、1寺、1庙、1厅、1馆、2园、3湾、26弄,整个建筑布局是多街、多弯、多角、多巷,主要景点有城隍庙、课植园、北大街、圆津禅院、放生桥等,还可乘罗锅船泛舟。

❶ 珠溪园—远古文化展示馆

珠溪园位于镇子东端,占地3万余平方米,园内绿树成荫,环境幽静,湖水清澄,风光秀丽,独具古典艺术风格。园内的金石亭、清华石亭、石拱桥、石驳堤岸、九曲桥、九龙喷泉、假山、长廊等景点错落有致,相得益彰。

远古文化展示馆位于美周路与新风路路口西侧,馆内展示了中国最早的水井、石犁、文字等上海先民的重要发明,以及从上海地区发掘的玉器和陶器,并以独特的表现手法对古上海和今上海加以对比,从而折射出上海先民独特的聪明才智和无穷的创造力。

朱家角古镇示意图

攻略

1.珠溪园南部有儿童乐园，分水陆两处，陆上有电动飞机、电动小火车，单人、双人电瓶车；水上有双人、四人划船、电瓶船等。每当晨曦，又有镇上花甲之年的老人在那里舞剑练拳，遛鸟闲聊，成为一道迷人的独特风景线。

2.珠溪园内还有一个生肖园，园内置有12座石刻生肖像，造型古拙滑稽，富有情趣，每座塑像下面均刻有对该属相人的个性描述。

② 北大街—放生桥

北大街被誉为上海明清第一街，是古镇最具有代表性的明清建筑精华所在。北大街背靠漕港河，旁临放生桥，街上商贾云集，茶楼酒肆、南北杂货、米行肉铺，百业俱全，成为百年来兴盛不衰最古老的商业中心。

古镇历代修建了各式各样的桥36座，其中放生桥是沪上第一石拱桥，也是江南地区最大的五孔大石桥。放生桥顾名思义就是"放生积德从善"，僧人性潮曾经规定在桥下只准放生鱼鳖，而不得撒网捕鱼。

亲子研学

朱家角古桥

1.泰安桥：俗称何家桥，位于圆津禅院门前，是单孔拱形石桥，桥高且陡，是全镇最陡的一座石拱桥。

2.惠民桥：又称廊桥，横跨于朱家角镇的市河之上，是古镇唯一的木结构小桥，也是最独特的木桥。

3.永丰桥（咏风桥）：连接朱家角镇东、西湖街，建于明代天启七年（1627年），桥虽看来平常，且陈旧不堪，但它却是朱家角古镇历史的"见证人"。

4.平安桥（戚家桥）：位于古镇大新街口，建于明代，为砖、木、石混合结构，这里称平安里，故名平安桥。

③ 圆津禅院—城隍庙

圆津禅院建于元代至正年间（1341—1368年），坐落于漕港河边，为本镇著名古刹，寺内塑有辰州圣母像，故又名娘娘庙。庙宇结构小巧，佛像不多，但都精雕细刻，光彩耀目，庄严肃穆。

城隍庙位于镇中心，是青浦城隍行宫，已有200多年历史。庙宇青瓦黄墙，飞龙翘角，吉祥葫芦，花格落地长窗，呈现古意盎然、香烟缭绕、肃穆壮丽的景象，其中"斗拱戏台""木刻横梁"及"中堂画轴"（现已废）被称为城隍庙"三宝"，十分罕见。

攻略

1.京剧角：镇上有成立于20世纪30年代的京剧票友组织的"韵声社"，里面经常会有演出，除传统剧目外，他们还演现代京剧《智取威虎山》《沙家浜》等选段，对国粹感兴趣的可以前去一看。

2.歌唱角：每天都会有唱歌爱好者在公园、桥头练嗓，如果起得早的话可以去听听。

3.书画角：朱家角书画爱好者上到84岁的老叟，下到十几岁的娃娃，他们自觉组成兴趣小组，以书会友，以画传情，有益有趣，在商店内可以看到他们潇洒的笔迹。

4.健身角：朱家角健身角有好几处，其中以街心花园旁的最为引人注目，每天清晨大家都会一起踢腿打拳做早操，特别是一批白发老太手持木兰剑，和着典雅的民族音乐，动作优美飘逸，绝对是一道亮眼的风景。

5.早茶角：朱家角人有喝早茶的习俗，每天晨雾未消，朱家角放生桥下、漕港河畔的新开茶馆里早已欢声笑语，茶客满座，若有兴趣，不妨前往品尝。

Follow Me 上海深度游

❹ 大清邮局

　　位于曹河路城隍庙南侧的大清邮局是19世纪时开设的一家邮局的遗址。邮局现已辟为博物馆，分为上下两层，1楼是中国邮局的历史演变的介绍，2楼是大清邮局成立的介绍及珍贵的信件原稿；门外是一个仍然在使用中的古老的邮筒。

攻略

　　1.镇子上至今还保留着许多民风民俗，有农历七月初七的珠里兴市（朱家角原名珠里）、清明放风筝、摇快船、灯游船、音乐船等活动。
　　2.吃午餐时，建议选择临河的餐馆，可以边吃边看。
　　3.朱家角的大清邮局是华东地区现存保留完好的清朝邮局，很多中外游客喜欢在这里留个影，打个戳，寄封信，在这里可以给亲朋好友送去一份祝福。

⑤ 课植园

　　课植园为古镇最大的庄园式园林建筑，位于朱家角北首西井街，俗称"马家花园"。整个庄园由厅堂区、假山区、园林区3部分组成，各种建筑200余间，占地约5.3万平方米。

　　北部为厅堂区，第1进为轿厅，其余为头厅、二厅、三厅和迎宾厅4进。二厅为2层楼建筑，楼上为马氏生活区。南部为假山区，有打唱台、逍遥楼、观戏厅、荷花池、藕香亭、课植桥、钓鱼台、蝙蝠亭等景观。荷花池西为园林区，亦称稻香村，内有数十亩的各种花卉树木。

攻略

1.登上高5层的逍遥楼顶，远眺四方，全镇景色一览无余，是拍摄的最佳地之一。
2.碑廊内有明代江南四大才子祝枝山书写的"梅花诗"等碑刻数块，文徵明"游西山诗"，唐寅、周文宾的诗文石刻共12块，非常珍贵。

Follow Me 上海深度游

攻略

住宿 驴友力荐的住宿地

古镇上有多家客栈和家庭旅馆，客栈基本都是老宅改造而成的，古香古色的，很有感觉。

隐艺汇轻奢艺术精品酒店： 酒店内部是新中式装修，将自然元素与多种文化艺术风格相融合，地理位置优越，早上可以去放生桥看日出。地址：朱家角镇课植园路599弄30号。

上海朱家角安麓酒店： 酒店比较隐蔽，环境十分优雅，整个酒店给人一种私密、安静的感觉，内部建筑设计和室内摆设均古色古香，是一个修身养性的好地方。地址：朱家角镇珠湖路505号。

四方客栈： 客栈坐落于著名的函大隆酱园的后院，环境幽雅，曲径通幽，设施齐全。地址：新风路195弄16-17号。

美食 饕餮一族新发现

朱家角是典型水乡，盛产河鲜，出产淡水鱼类近60种，鱼、鳗、鳝、甲鱼、河蟹、河虾应有尽有，镇上餐馆基本都可以吃到。

镇上还有许多特色菜，茂林馆的鳝糊面香糯可口，食后令人久久不忘；羊肉面酥肥不腻，另加羊血汤略带辣味，更是配人胃口。时令点心更是花色百出，特色名点有五色汤圆、冬笋虾仁烧卖、薄皮生煎馒头、鲜肉小笼、鸡肉馄饨、大包酥、油酥肉饺等，在酱园、江南第一茶楼、酒坛子饭桶、江南人家等老店都可吃到。

朱家角的水红菱又嫩又甜，中秋时节应市，街上到处有叫卖声；荸荠色泽黑里透红，个大皮薄味甘；塘藕脆甜可口，生熟两宜。

行程推荐 智慧旅行赛导游

水乡访古游路线： 停车场—银杏树广场—上海远古文化馆—美周弄—戚家桥（平安桥）—大清邮局—城隍庙—廊桥—北大街—上海手工艺展示馆—稻米乡情馆—泰安桥—圆津禅院—北大街—放生桥—翰林匾额博物馆—西井街—全华艺术馆—课植园。

鱼米之乡探访游： 停车场—上海远古文化馆—美周弄—北大街—稻米乡情馆—放生桥—西井街—全华艺术馆—课植园—珠里广场。

民俗风情游： 停车场—银杏树广场—上海远古文化馆—美周弄—戚家桥（平安桥）—大清邮局—廊桥—北大街—放生桥—西井街—课植园。

嘉定古城
繁华背后的安宁之地

微印象

@jessica 嘉定古城还保留着最原始的气息，难得没有被商业化的太厉害，到那儿可以了解一下嘉定的历史和人文，值得一去。

@Kame 怀念嘉定的风物，当地的风土人情比上海市区来得醇厚。城区道路两侧郁郁葱葱，给人留下"人从林中过，心在绿海行"的感受。

@夏天的小丸子 10月底去的时候正是桂花飘香时，嘉定孔庙里面好几株桂花树开得正好，芬芳馥郁，这里是一个能让人静下心来感受古典文化精髓的地方。

门票和开放时间
门票：秋霞圃10元，汇龙潭5元。开放时间：秋霞圃8:00~16:30，汇龙潭8:00~17:00（16:30停止售票）。

进入景区交通
位置：上海市西北郊嘉定区老城中心地段。
交通：乘坐地铁11号线，在嘉定西站下，步行可达。

景点星级
人文★★★★★　美丽★★★★　浪漫★★★★　特色★★★★　休闲★★★★　刺激★★★

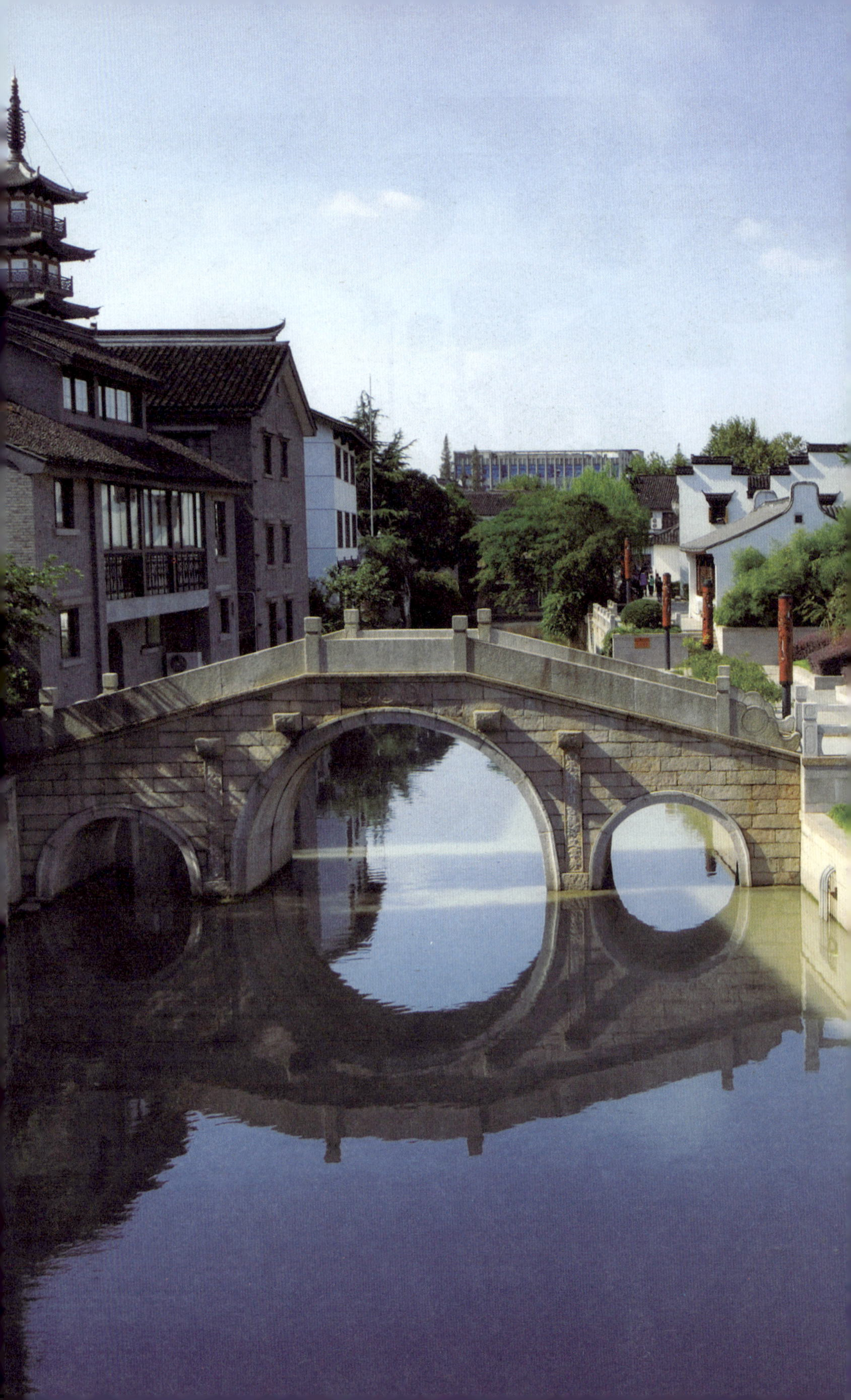

嘉定古城有着"江南名城"的称号,古城给人一种小桥流水人家的感觉。

Follow Me 上海深度游

嘉定水秀地灵，人文荟萃，民风淳朴，素有江南名城之美誉。城中有宋代的法华塔，拾级而上可眺望全城景色；湖畔有重楼飞檐魁星阁，山巅树木葱郁之间，四宜亭与孔庙遥相呼应；东城的秋霞圃，以清水池塘为中心，石山环绕，古木参天，造园艺术独特……古城周围小桥流水，民居街巷犹不失古镇风韵，成为一道道具有浓郁乡土气息的风景线。

1 嘉定古城墙—州桥老街

嘉定古城墙位于嘉定护城河畔，始建于宋代，目前残存的一段城墙长240米左右，宽达3米，分为南门、西门两段，是上海境内保存最完整、最长的古城墙。古城墙见证了"嘉定三屠"和"抵抗倭寇"等历史事件。

位于镇中心的州桥老街在千步之内汇集了宋、元、明、清历代古塔、旧庙、名园，可谓"嘉定之根"。这里是嘉定人气最旺盛的老街区，同时也是连接孔庙、汇龙潭、秋霞圃等名胜古迹的游览通道。

小贴士

州桥老街街区中心各色小吃琳琅满目，旁边的休闲广场有个巨大的喷水池，离老街不远处还有大卖场和生活购物广场，在这里既能感受到明清建筑的质朴，又能享受到现代生活的便捷。

2 法华塔—竹刻博物馆

法华塔又名金沙塔，塔旁无寺无庙，巍然耸立于街衢闹市之中。塔建于南宋开禧年间（1205—1207年），此后，有过多次不同程度的修缮。每层塔内设有楼梯，拾级而上可眺望全城景色。塔下弯弯的河水、幽深的街巷、古色古香的老屋，构成了嘉定一景。1996年1月，对法华塔地宫进行清理发掘时，先后发现了宋、元、明三代的佛像、书籍、古钱、玉器等珍贵文物。

竹刻博物馆位于嘉定别墅内，博物馆充分利用馆藏文物资源，吸纳民间嘉定竹刻精品，展示嘉定竹刻的历史渊源、文化地位与艺术价值。嘉定竹刻始于明代中后期，由嘉定人朱鹤祖孙三代开创，已有400多年历史，以深浮雕和透雕为主要表现手法。2006年5月，嘉定竹刻被列入首批国家级非物质文化遗产名录。

攻略

法华寺旁边的老街已形成以1塔、2河、3街、4桥的江南水乡佳景。如果看完了法华寺，建议在这里逛逛，体验一下浓郁的江南水乡风情。

上海郊区 I

❸ 孔庙—汇龙潭公园

　　嘉定孔庙始建于南宋嘉定十二年（1219年），庙内现有石柱牌楼3座，沿牌楼有石雕柱，上面雄踞72只姿态各异的石狮子，象征孔子72贤徒。与"仰高"牌楼在同一中轴线上的建筑有棂星门、泮池桥、大成门、大成殿，大成殿是祭孔正殿，大成殿东的明伦堂是旧时"传道、授业、解惑"的场所。

　　走出孔庙，跨过宋古桥宾兴桥，便是汇龙潭公园。汇龙潭于明代万历十六年（1588年）疏浚，相传因有5条河流交汇于此，形如五龙蜿蜒伸展之态，故称"汇龙潭"。潭畔的魁星阁、状元钟楼与孔庙牌坊遥相呼应，相映

Follow Me 上海深度游

生辉；园中明忠节侯峒曾、黄淳耀两先生纪念碑巍然矗立；宋、元、明、清历代的石亭、石塔、石井等文物古迹，古朴浑厚，保存完好。

攻略

1. 在嘉定孔庙的碑廊中，保存着我国宋代著名哲学家、教育家朱熹的大字碑及被称为"嘉定四先生"的书迹石刻等，具有很高的艺术价值。
2. 在嘉定孔庙中，有一株百年牡丹，院中还植桂柏树木。因此，在这里春可赏牡丹，秋可闻桂香。
3. 孔庙内有一座科举专题博物馆——科举博物馆，以科学制度沿革、科举与儒学、科举与社会文明、科举考试程序、科举与教育5个板块及1000余件文物史料全方位展示了中国科举制度的历史变迁。

点赞

👍 @取景人　嘉定汇龙潭公园的面积很小，但其中的建筑很有特色，适合摄影爱好者前往。

👍 @繁华尽落的季节　汇龙潭公园环境挺干净的，尤其喜欢这里面的安静，一个人静静地坐在躺椅上发呆，整个人的身心都放松下来了。

❹ 秋霞圃—陆俨少艺术院

秋霞圃始建于明弘治十五年（1502年），原为明代工部尚书龚弘的私人花园，现在是上海五大古园林之一。园林是以清水池塘为中心，山石环绕、古木参天、造园艺术独特的著名古典园林，主体部分桃花潭景区内有一座池上草堂颇为出名，有"一堂静对移时久，胜似西湖十里长"的赞誉。

陆俨少艺术院建院于陆俨少先生90诞辰的1999年6月26日，占地4000多平方米，中国传统园林式庭院，雅意盎然，是收藏、展示、研究陆俨少书画艺术，举行各类展览及学术活动的场所。

小贴士

陆俨少艺术院分东西楼，东楼陈列着陆俨少的书画原作、文房遗物和部分艺术活动图片、手稿、画册等；西楼则是小型展厅、沙龙和培训中心等，如果来的凑巧，还能看到一些青年画家的作品展览和一些书画相关的活动和展会。

亲子研学

陆俨少小传

陆俨少（1909—1993年），嘉定区南翔镇人，在中国当代山水画领域独树一帜，书法、诗文俱精，为当代画坛著名文人画家，与李可染并称"南陆北李"。目前，院藏陆俨少创作的传世之作75件。

Follow Me 上海深度游

攻略

住宿 驴友力荐的住宿地

在嘉定古城附近有不同级别的宾馆和酒店可以满足不同游人的住宿需求，如上海嘉定别墅花园酒店（地址：嘉定区南大街321号）、和颐酒店（地址：嘉定区清河路201号）、锦江之星（地址：嘉定区城中路197号）。

美食 饕餮一族新发现

嘉定古镇特色小吃别有一番风味："考"巧果、包"粽"子、"定"升糕、"朝"板糕，寓意科举考试定能进朝为官，其工艺讲究，堪称江南小吃一绝。

行程推荐 智慧旅行赛导游

嘉定古城一日游路线：早上抵达嘉定州桥景区，参观嘉定孔庙和科举博物馆；接着游览相邻的汇龙潭公园，然后步行5分钟即至嘉定别墅和竹刻博物馆；参观完博物馆后，登上相邻的法华塔，一览嘉定古城全景，另外塔院内设有中国外交家顾维钧生平陈列室。

下午参观秋霞圃，感受其幽雅别致、小巧玲珑；之后参观相邻的陆俨少艺术院，领略大师佳作。

上海安亭国际汽车城
历史与速度的激情碰撞

微印象

@律师向前看 亲临赛车现场的感觉还是挺震撼的，虽然不太懂比赛规则，但是气氛还是很热闹紧张的，在家看没有这种感觉。

@淑梅的大眼睛 来这里看了F1赛车比赛，现场非常紧张，观众们的热情也很高，耳边只能听到呼啸而过的马达声，也许这就是赛车的魅力所在。

门票和开放时间
门票：进入汽车城免费，景点通票60元（含上海汽车博物馆、菩提寺和永安塔）。
开放时间：上海汽车博物馆9:30~16:30（周一闭馆）。

进入景区交通
位置：嘉定安亭地区。
交通：
1.公交：北安线、陆安线、嘉安线、淞安线、淞虹线等公交线路均可到达。
2.地铁：11号线在安亭境内设有上海赛车场站、昌吉东路站、上海汽车城站、安亭站。
3.自驾：可走外环或中环转沪宁高速（G2/G42）安亭汽车城出口；郊环线G1501高速安亭宝安公路出口。

景点星级
特色★★★★★　美丽★★★　刺激★★★　浪漫★★　休闲★★　人文★

Follow Me 上海深度游

上海安亭国际汽车城占地约68平方千米，包括核心区、整车和零部件配套制造区、国际赛车场、教育园区和安亭新镇区5大区域，集制造、研发、贸易、博览、运动、旅游等多功能于一体，是一个新兴的景区。

1 汽车博览公园

上海汽车博览公园是一个以汽车娱乐、汽车展览、汽车文化为主题的综合性公园，公园分为会展博览区和游览休闲区两大相对独立的部分。会展博览区位于西部，形成一块建筑相对集中的园林式会展博览公共区域；游览休闲区位于东部，既是游赏的主要空间，也是汽车主题文化的集中体现地。

公园内的上海汽车博物馆是中国首家以汽车为主题的行业博物馆，博物馆包括历史博览馆、现代科技馆、古董车收藏馆，以汽车为载体，表达行业特征，展示发展历程，体现汽车对人类社会的深远影响。

攻略

1. 位于上海汽车博物馆1楼的纪念品商店还为参观者提供各类老爷车的仿真模型、汽车知识书籍及其他与汽车相关的特色纪念品。

2. 上海汽车博物馆展示了汽车诞生以来世界上出现过的20余个品牌的近70辆经典车型，如奔驰、宝马、别克、福特、法拉利、劳斯莱斯、大众、保时捷、奥斯汀等，时间跨度逾百年，喜欢车文化的朋友一定不可错过。

3. 公园内设完善舒适的配套服务设施，内外景致交融，适宜车友聚会、时尚派对、新闻发布等各类企事业大中小型会议的举办。

2 上海国际赛车场

上海国际赛车场总面积约5.3平方千米，设计是对中国传统文化、历史渊源的继承与发展。形象化的艺术字"上"字形似赛道，蕴含着上赛场"力争上游、乘势而上演精彩"的寓意，通过形状、色泽和材料的表达，使创新演绎和传统的延伸得以完美地结合。

赛车场以主看台、车队维修区、控制塔、行政塔、空中餐厅和新闻中心为主建筑群，表现了中国传统文化中浑厚、壮美的一面。主看台2根红色立柱，相对应的2座塔楼，取意于中国的"门"和左右两边的守门石狮；看台顶部的透光孔设计构思取自中国的灯笼，主色为红色和黄色，象征着幸运和力量。另一个代表性建筑是车队生活区，其创意取自上海豫园。

解说

上海国际赛车场F1赛道的总长度为5451.24米，具有7处左转弯道及7处右转弯道，平均时速205千米。最长的直道长度为1175米，位于弯道T13和T14之间，最高允许时速为327千米，在窄窄道处要求制动到87千米/时的速度，给观众带来一种赛车运动所特有的激烈、紧张和刺激的感受。赛道的宽度为13~15米，一般为14米，在弯道处加宽到最大20米（弯道T14／T15）。

上海郊区 I

攻略

1.赛车场赛道对游人开放赛道试乘及自驾项目，可以坐上由专业车手亲自驾驶的汽车，绕赛车场一周，左弯右转，沿着一个又一个弯道而行，尽情享受狂飙激情；如果觉得只做乘客不过瘾，还可穿上租借的赛车服，在副驾驶教练的陪同下自己开车"宝马"画上一个"上"字。过了一圈赛车瘾后，还可以去一等奖领奖台上照张相，完整体验一下赛车手的生活。

2.赛车场的另一边是卡丁车赛道，赛道形状近似袋鼠，只要戴上防护头盔和手套，记住规则便可试一下身手。在行驶过程中一旦滑出赛道，卡丁车就会自动熄火停止前进，绝对不会翻车，保障了游玩者的安全。

❸ 上海大众工业园

上海大众工业园占地面积约321.8万平方米，建筑面积约86.8万平方米，有四大生产区域（汽车一、二、三厂和发动机厂）及一个技术中心。上海大众汽车有限公司拥有世界一流的生产设备和工艺，以汽车三厂为例，已经全方位地实施了订单化生产控制系统，并被评为"全国工业旅游示范点"。

小贴士

参观上海大众汽车有限公司主要是参观大众汽车三厂，可乘坐电瓶车参观，先后看到的景点有大厅模型、平面布置图介绍、质保测量室、车身车间、2000吨压机、激光焊接处、仪表盘模块、前围模块、动力总成模块、门模块等。

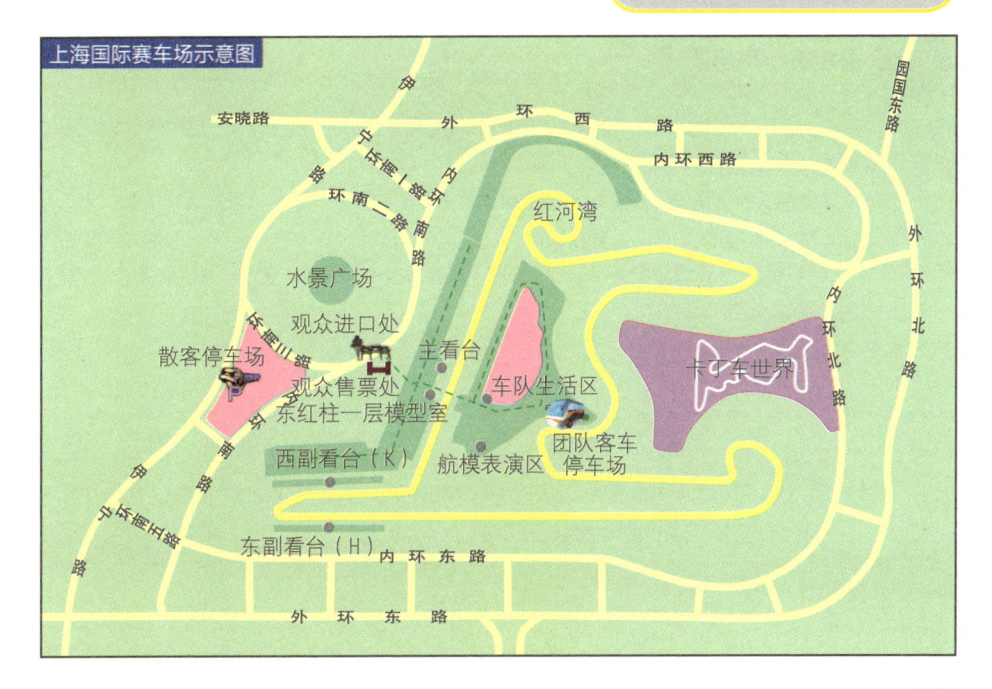

Follow Me 上海深度游

攻略

住宿　驴友力荐的住宿地

在上海国际汽车城游玩后可去安亭镇上住宿，小镇上酒店齐全，非常方便，如城市便捷酒店（地址：嘉定区曹安公路4908弄186号）、如辰精品酒店（地址：嘉定区新源路1006号）、格林豪泰（地址：嘉定区黄渡镇绿苑路580-588号）。

美食　饕餮一族新发现

赛车场的大门口处有家咖啡店，可以在此喝杯咖啡，吃点甜点，补充一下能量。也可自带食物在汽车博览园广阔的草地上扎起帐篷进行野餐。上海大众工业园的汽车贸易区步行街两旁也有一些餐饮店，可以在此吃一些简单的快餐。

如果想吃得丰盛一些，可以去安亭镇，有着千年历史的安亭老街上小吃琳琅满目，种类繁多，价格也比较便宜。

行程推荐　智慧旅行赛导游

线路一：汽车博物馆—汽车城博览公园—贸易区步行街—上海大众工业游—上海国际赛车场。适合人群：爱车族、青少年群体。

线路二：上海国际赛车场—中国科举博物馆—毛桥村—华亭人家。适合人群：老年群体、学生群体。

线路三：汽车博物馆—汽车博览公园—华亭人家—毛桥村。适合人群：亲子游、儿童活动、定向活动。

特别提示

如果去看赛车，现场引擎噪声非常大，进去之前最好戴好耳塞。如果没有耳塞，这里也会有小商贩进行售卖。